KB272920

좋은음파 좋은이름의 신비 ① **한글음파이름학**

한효섭
전은희 共著

한글음파이름학

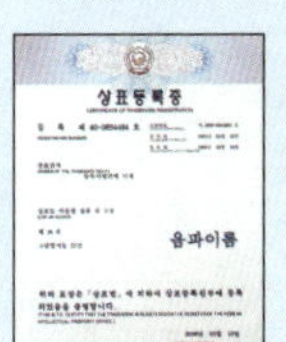  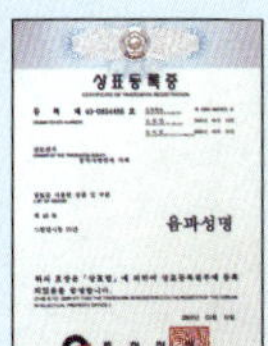   

한글음파이름 / 한글파장이름 / 음파이름 / 음파성명 / 음파작명 / 파장이름 / 세계이름 / 세계성명 / 세계작명 / NS이름 / 좋은음파 좋은이름의 신비 / NDS / NSCI검사와 관련된 책명 및 책 속의 내용이나 상호 및 증서, 팸플릿, 명함 등은 특허청에 특허등록이 되어 있으므로 사전 승낙없이 임의로 사용하거나 도용하게 되면 저작권법과 특허법에 저촉되어 민·형사상의 처벌을 받게 되므로 엄청난 피해를 입게 됨을 알려 드리오니 함부로 사용하지 마시기 바랍니다.

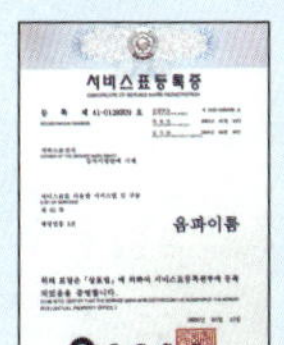 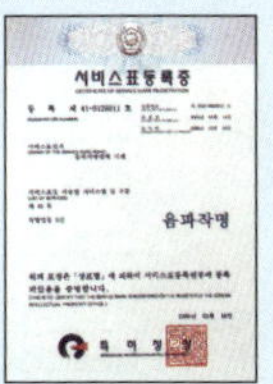 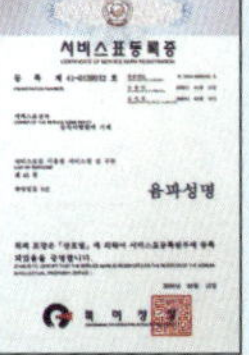 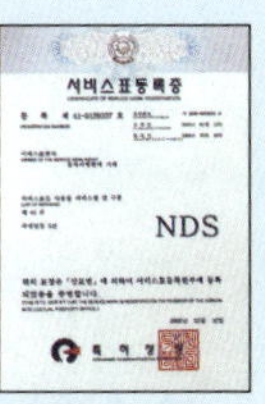  

이 학문은 한글음파이름학회와 NDS상담심리연구소에서 인정하는 연구원과 지회와 상담소에서 연구상담활동을 하고 있습니다만 일정 기간 동안 연수와 재교육을 받지 않아 자격이 상실된 사람이 본 학회의 취지와 이론에 어긋나게 활동하는 사례가 있으므로 주의하시기 바라며 궁금한 점이나 확인을 원하시면 홈페이지나 본 학회에 문의하시기 바랍니다.

http://www.namesound.com
☎ 대표전화 051) 853-6766 / 853-8801

　본 학회에서는 한글음파이름학(NDS) 특별과정 강좌를 개설하여 한글음파이름학 이론과 NSCI검사와 상담기법 및 작명법을 배우기 원하는 사람들을 위하여 수강생 중심으로 편의를 도와드리고 싶습니다.

　이 학문은 한글만 알면 누구나 쉽게 배울 수 있는 한글음파이름학 특별과정으로 자격이나 나이의 제한은 없습니다.

　본 과정을 수료한 사람은 한글음파이름 평생교육원장과 본 학회장 공동명의로 수료증이 교부됩니다. 또한 한국평생교육총연합회가 실시하는 민간단체자격증시험에 응시할 수 있으며 소정의 평가를 거쳐 민간단체자격증에 관한 법률에 의해 한글음파이름상담사, NDS상담사와 NDS작명사 및 세계작명사 자격증을 받을 수 있습니다. 그리고 본 학회의 규정에 의해 지회 및 상담소와 연구실을 설치, 운영할 수 있습니다.

　기타 상세한 내용은 홈페이지를 참고하시고 전화를 하거나 직접 방문하여 문의하시기 바랍니다.

한국평생교육총연합회 부설

한 글 음 파 이 름 학 회
Hangeul Sound-wave Name Academy

http://www.namesound.com

☎ 대표전화 051) 853-6766 / 853-8801

▶ 한글의 기초인 녹도문자(배달국)

也檀君世紀檀君嘉勒二年 三郞乙普勒撰正音三十八字是謂加臨多其文曰

가림토 문자 38자

▶ 녹도문자를 계승한 가림토문자(고조선)

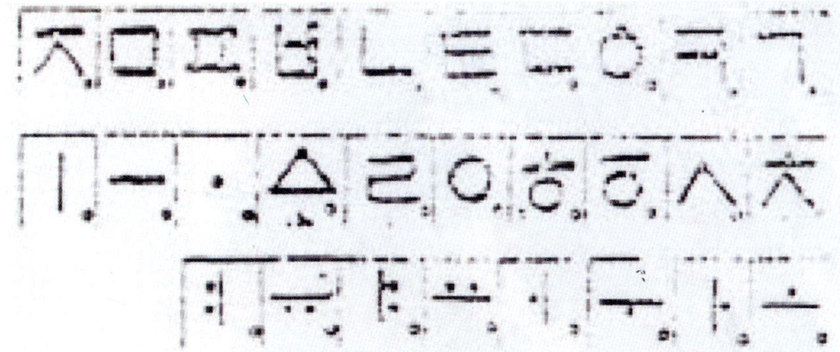

▶ 가림토문자를 계승한 훈민정음 28자(조선)

▶ 세종대왕과 집현전 학자들이 완성한 훈민정음 해례본(조선)

▶ 가장 과학적인 소리글인 한글을 창제하신 세종대왕

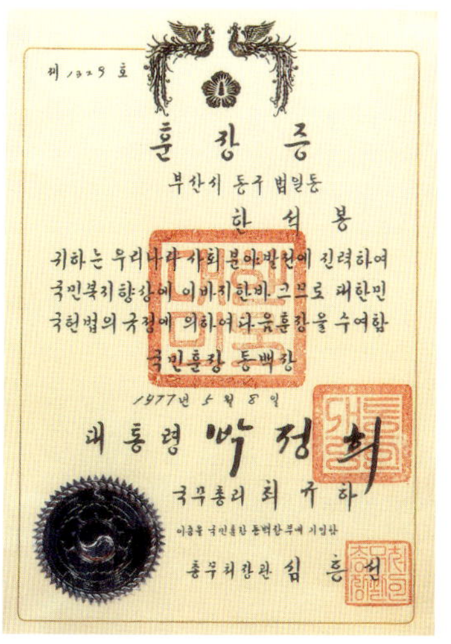

▶ 한국 최연소(30세)로 수훈한
국민훈장동백장

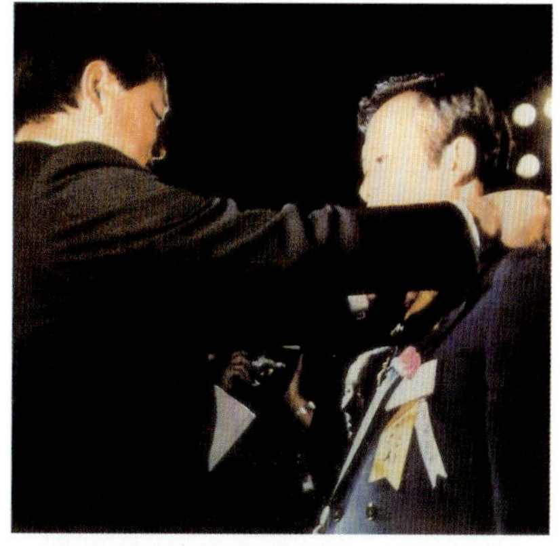

▶ 한국 최초의 노인대학을 설립하고
선행자로서 최연소 국민훈장동백장
을 받는 저자 한효섭(석봉) / 박사

▶ 최규하 대통령과 담소를 나누고 기념촬영을 한 저자 한효섭 박사

▶ 30대 젊은 나이에 12대 국회에 입문하여 신민당 원내수석부총무로 대정부질의를 하는 저자 한효섭 박사

▶ 김영삼 대통령과 대화를 나누는 저자 한효섭 박사

▶ 이영섭 대법원장과 정담을 나누는 모습

▶ 우로부터 박관용 국회의장, 문정수 부산시장, 김광일 대통령비서실장, 저자 한효섭 박사

▶ 고려대 김상협(전 국무총리)총장에게서 학위를 받는 저자 한효섭 박사

▶ '한글음파이름과 학습방법' 을 특강하는 전은희 교수와 동의대 재학생

▶ 제50기 한글음파이름학 특별과정수료식에서 축사를 하는 전은희 교수

▶ 제46기 한글음파이름 기본과정 개강식(동의대학교)

▶ '한글음파이름과 리더십'을 특강하는 전은희 교수(부산대학교)

▶ 제44기 한글음파이름학 특별과정 수료식(한얼평생교육원)

▶ '한글음파이름과 성격유형'을 특강하는 한효섭 박사(부산태화백화점)

▶ 한글음파이름(NDS) 상담사 민간자격시험을 치는 모습(동의대학교)

▶ 한글음파이름학 기본과정을 강의하는 전은희 교수(동의대 평생교육원)

▶ 한글음파이름 포럼에서 주제발표를 하는 연구원

▶ '한글음파이름학과 노인상담'을 특강하는 전은희 교수(부산노인종합복지관)

▶ 'NSCI검사와 진로탐색'을 특강하는 한효섭 박사(동의대학교)

▶ '한글음파이름학과 지도방법' 특강을 수강하는 모습(동의대학교)

▶ 제12기 한글음파이름학을 강의하는 한효섭 박사(좋은소리아카데미)

한효섭 박사 / 전은희 교수

한글음파이름학 10년간 주요 특강 현황

(1996년~2005년)

년 도	강 좌 명	주 제 명	장 소
1996	태화백화점명사특강	소리이름과 리더십	태화백화점
1996	부산청년회임원연수회	좋은소리좋은이름의 신비	연합회 회의실
1996	범일동창회임원연수회	한글이름파동학	동양뷔페
1997	부산을아끼는청년모임임원회연수	소리성명학	세미나실
1997	부산노인대학학장연수회	소리이름과성격유형	축복뷔페
1997	삼성생명보험설계사연수	좋은소리좋은이름의 신비	삼성생명연수실
1998	율곡어린이집자모연수회	이름이 좋아야 공부를 잘한다	율곡학원강의실
1998	한국노여청시민연합임원연수회	한글이름(소리이름)의 신비	연합회세미나실
1998	충효의집노인대학교양강좌	한글이름과 성격유형	충효의집노인대학
1999	꿈나무웅변학원학부모연수회	한글이름(소리이름)과 학습방법	꿈나무웅변학원
1999	한국건강기공선양회건강교실	한글이름과 건강기공	부산교원회관
1999	한얼노인대학교양강좌	한글이름파동에너지의신비	한얼노인대학
2000	한국노인교육연구소임원연수회	한글이름파동학의 신비	연구소세미나실
2000	부산피플신문임원연수회	한글이름과 성격유형	신문사사무실
2000	인성체육복지대학건강교실	파동에너지와 건강기공	부산교원회관
2001	웅변스피치지도강사양성과정	한글음파이름과 스피치유형	동의대 본관8층
2001	MBTI성장프로그램성격유형과상담	한글이름과 성격유형	동의대 본관7층
2001	NSCI진로탐색및청소년상담과정	한글이름과 청소년상담	동의대 본관803호
2001	한글이름(소리이름)및브랜드네임메이커	한글이름(소리이름)과 브랜드네임	동의대 본관804호
2001	건강기공강사및상담자양성초급과정	한글이름파동과 건강기공	동의대 본관8층
2001	수맥파탐사교육강사및상담사양성과정	한글이름파동과 수맥	동의대 본관8층

년 도	강 좌 명	주 제 명	장 소
2001	노인교육지도강사및상담사양성	한글이름파동과 지도방법	동의대 본관804호
2001	사주기초이론과정	한글이름과 사주	동의대 본관803호
2001	동의대평생교육원 제1차워크숍	한글이름과 성격유형	금강국민호텔연수실
2001	동아대웅변최고위과정	한글이름파동과 웅변유형	부산호텔세미나실
2002	동의대어린이영어교사양성과정	한글이름과 학습방법	동의대 본관804호
2002	동의대웅변스피치기초과정	한글이름파동학의 신비	동의대 본관804호
2002	동의대한글이름과 성격유형기본과정	한글이름과 성격유형	동의대 본관801호
2002	동의대건강기공강사과정	한글이름파동과 건강기공	동의대 본관803호
2002	동의대수맥파탐사전문가양성과정	한글파동에너지와 수맥	동의대 본관8층
2002	동의대서예지도강사과정	한글이름파동학의 신비	동의대 본관802호
2002	부산교육청교원직무연수	한글음파이름과 지도방법	부산교원회관
2002	경남교육청교원직무연수	좋은소리좋은이름의 신비	마산완월초등학교
2002	동의대평생교육원 제2차워크숍	한글이름과 성격유형	금강국민호텔연수원
2002	국민통합시민연대임원연수회	한글음파이름의 신비	시민연대회의실
2003	부산교육청교원직무연수	한글음파이름과 지도방법	부산교원회관
2003	경남교육청교원직무연수	한글음파이름학의 신비	마산완월초등학교
2003	부산동구노인복지회관노인대학	한글음파이름과 장수비결	동구노인복지관
2003	동의대노인교육개론수강생	한글음파이름과 학습방법	동의대 인문대 B102호
2003	동의대노인교육개론수강생	NSCI검사와 성격유형	동의대 인문대 510호
2003	동의대평생교육개론수강생	한글음파이름과 교육방법	동의대 인문대 409호
2003	중구청소년진로지도교육	한글음파이름과 진로선택	동광초등학교
2003	부성평생교육복지대학	한글음파이름과 성격유형	부성정보고등학교
2003	부산시민의신문임원연수회	한글음파이름학의 신비	신문사회의실
2003	교육개혁시민연대임원연수회	음파이름과 교육방법	시민연대회의실

년 도	강 좌 명	주 제 명	장 소
2004	부산대스피치리더쉽과정	한글음파이름학의 신비	부산대 인덕관
2004	커플라인매니저연수회	한글음파이름과 상담기법	커플라인연수원
2004	롯데문화센터강좌	좋은음파좋은이름의 신비	부산롯데문화센터
2004	롯데문화센터강좌	이름은 답을 알고 있다	부산롯데문화센터
2004	부산교원직무연수	한글음파이름학의 신비	부산교총회관
2004	노인교육전문가(국비)양성과정	한글음파이름과 학습방법	동의대국제회의실
2004	노인교육지도사심화과정	NSCI검사와 성격유형	동의대 본관803호
2004	제16기노인교육지도사양성전과정	한글음파이름학의 신비	한얼평생교육원
2004	제18기노인교육지도사양성전과정	좋은음파좋은이름의 신비	부성평생교육원
2004	노인교육개론수강생	NSCI검사와 학습방법	동의대인문대B102호
2005	롯데문화센터강좌	내아이내남편 특성찾기	부산롯데문화센터
2005	제1회한글음파이름(NDS)포럼	한글음파이름학의 전망	크라운호텔회의실
2005	동의대노인교육개론수강생	한글음파이름과 학습방법	동의대인문관310호
2005	동의대노인교육개론수강생	NSCI검사와 성격유형	동의대인문관102호
2005	동의대평생교육세미나수강생4학년	한글음파이름과 성격유형	동의대인문B102호
2005	부산대스피치리더십과정	한글음파이름과 리더십	부산대학교
2005	커플라인매니저연수회	한글음파이름과 상담방법	커플라인연수원
2005	2005노인교육교,강사연수회	한글음파이름과 지도방법	금강국민호텔연수원
2005	제19기노인교육지도사양성특별과정	한글음파이름과 교육방법	부성평생교육원
2005	제20기노인교육지도사양성특별과정	한글음파이름학의 신비	한얼평생교육원

※ 지면관계로 1996년부터 2000년까지는 특강 세번을 선정하여 기재하였고 2001년부터
2005년까지는 특강 열번을 선정하여 기재하였습니다.

7판 개정증보판을 내면서

이 책이 나온 지 10여년이 되었다. 개정증보판을 내면서 항상 새로움을 느낀다.

개정증보판이란 대개 새로운 체험과 임상실험을 통한 경험 및 연구결과 등 최신 지식을 보태고 낡은 지식과 문장 및 낱말을 없애거나 수정하는 것이다.

이 학문을 처음 접하게 된 것이 중학교 1학년 초여름인 것 같다. 그러고 보니 어느덧 반세기가 되어 오고 있다.

인류의 사랑과 행복을 실천하는 학문으로 21세기 인류 최대의 발견이라고 자부하는 이 학문은 세계에서 가장 훌륭한 소리글인 한글이 있었기 때문에 가능했고 한국인이기 때문에 가능했다고 생각한다.

사람의 호칭을 성명이라 하고 우주만물의 명칭을 이름이라 한다. 이름의 음파가 무서운 에너지를 발산하여 자신은 물론 우주만물을 변화시키는 엄청난 힘을 발휘한다.

이 책은 1996년, 1997년 명예퇴직이 전국을 강타할 때,「당신의 이름이 명예퇴직을 부른다」라는 제목으로 처음 출판되어 전국서점에 판매되었고 이를 평생교육교재로 1999년 12월 18일 「소리이름학개론」, 「소리이름학이론과 실제」로 재판발행되었으며 2001년 9월 3일 「한글이름학개론」으로 3판 발행되었고 2004년 3월 8일 「한글이름파동학」으로 4판 발행되었다가

2005년 5월 7일에 「한글음파이름학」으로 5판 발행하였으며 2005년 11월 1일에 누구나 쉽게 이해하고 공부할 수 있도록 수정보완하여 제6판을 발행하였고 이어 제7판 개정증보판을 내놓게 되었다.

이것은 한글음파이름학을 이해하는 작은 길잡이이며 어디까지나 입문서이고 개론서로서 꾸민 것에 불과하다. 한글음파이름학을 이해하려면 오랜 세월과 연구를 통하여 깊은 체험이 뒤따라야 하며 이론적으로나 실제적으로 끊임없는 연구와 체험 및 정진을 필요로 한다. 그러한 도반(道伴)이 나오기를 기대하는 마음으로 이 7판 개정증보판을 내놓는다.

세상의 빛을 보기까지 이 복잡한 원고를 정리해준 연구원의 노고에 깊은 감사를 드린다.

2006년 8월 좋은날

한효섭, 전은희 씀

초판서문

태초에 하나님이 말씀으로 천지를 창조하셨다. 말씀 곧 소리로 천지를 창조하셨던 것이다. 또한 인간을 만드시고 아담이라 이름을 지어주셨다. 아담으로 하여금 천지만물의 이름을 짓게 하셨고 하나님은 여자와 남자를 만드시고 사람이라는 이름을 지어주셨다. 이것이 이름의 시초이다.

또한 아브람을 아브라함이라 개명하여 믿음의 조상, 만인의 아비로 삼으셨고 야곱을 이스라엘로 개명하여 축복받는 자로 만드셨다. 이것이 개명의 시초인 것이다.

하나님께서 인간을 불변의 타고난 숙명대로 살게 하지 않고 운명을 고쳐 가면서 살게 하는 가변의 후천 이름운을 부여함으로써 인간에게는 이름을 지을 수 있는 권리와 고쳐서 부를 수 있는 권리를 베풀어주셨다.

하나님께서 먼저 그 실례로 많은 사람들의 이름을 직접 개명하여 은혜와 축복을 주셨다. 그리고 신부를 통하여 영세명을 받게 하고 목사를 통하여 세례를 받게 하고 이름을 성서에 나오는 이름으로 고쳐 불러주기도 하였다.

부처님께서도 타고난 운명이나 태어날 때 지은 이름 그대로 사용하지 않게 하고 스님을 통하여 법명을 받게 하여 새로운 이름을 사용케 하였다.

임금님께서도 나라에 공이 있는 사람에게 시호를 내려 주셨다. 사람들은 사회적 지위와 덕에 따라 아호를 지어 사용하고 직업과 특성에 따라 '자' 혹은 예명, 필명, 통명, 애칭 등을 지어 부르기도 한다.

여자가 결혼하면 남자의 성을 따르기도 하고 택호를 부르기도 한다. 이처럼 하나님이 인간의 자유 의사에 의해 자유롭게 이름을 짓고 개명하여 부를 수 있는 특권을 부여하므로 인간이 타고난 선천적인 숙명의 불행을 보완하고 행복한 운명으로 변화시켜 누구나 고루고루 잘살 수 있는 기회를 주었던 것이다. 원인이 있으면 반드시 결과가 있고 병이 나면 그 치료방법이 있듯이 인간에게도 불행한 운명으로 태어나면 그 불행한 운명을 치료하고 해결할 수 있는 개운의 방법이 있다. 이 해결 방법을 부르는 음파이름으로 해결하게 했던 것이다.

필자는 35년 전부터 이름에 관하여 중요성을 인식하여 스스로 연구하면서 이름은 한문으로 짓는 것이 아니라 소리로 지어야 한다는 확신을 가지고 음파이름학을 연구하였다.

필자의 경우 사주팔자가 좋게 태어났고 한석봉(韓錫奉)이란 재래식 이름이 수리획수는 물론 삼원오행, 음양오행과 뜻이 대단히 좋으며 최연소 중등학교 교장, 국회의원 등으로 승승장구하였는데 갑자기 닥친 불행과 이유 없는 구설수, 유언비어, 증오와 원한 등의 원인을 알 수 없었으나 필자의 이름과 가족의 이름을 음파이름학에 의해 풀어본 결과 그동안의 의문점을 해결할 수 있게 되었다.

우리가 현재 살고 있는 시대는 무섭고 놀라운 사건 사고가 많이 발생되고 윤리도덕이 무너지고 서로간에 시기, 질투, 증오, 갈등으로 역기능의 시대에 살고 있음을 발견하였다. 그러므로 개인의 이름과 가족의 이름이 순기능으로 되어 부부와 가족의 화합이 먼저 이루어져야 사회와 국가가 건강하게 발전하고 행복해질 수 있다는 결론을 얻게 되었다.

대부분 성명은 한문에 의존하는 재래식 방법에 의해 작명하는데 이러한 성명은 한국, 북한, 중국, 대만, 일본 5개국밖에 사용하지 않는다. 그렇다면 미국을 비롯하여 전 세계 약 198개국의 국민들도 한문으로 이름을 지어야 하는가? 한문 이름은 선천적 조건 그대로 일 뿐이지 아무런 변화나 개운할 수 없다고 판단하고 이름은 음파로 지어 불러주어야 역기능의 시대에서 순기능의 시대 즉 화합과 사랑과 평화와 행복이 넘치는 시대가 된다는 것이 음파이름학의 주장이다.

필자는 이러한 과학적이고 논리적인 훌륭한 학문이 대학에 정식으로 채택되어 대학 연구실에서 심도 깊게 연구 발전되어야 한다는 확신을 가지고 이를 위하여 열심히 연구하고 있다. 이뿐만 아니라 전 국민은 물론 인류의 평화와 행복을 위하여 전 세계에 보급해야 한다는 사명으로 이를 연구하고 보전 유지 발전시키는 데 일익을 담당하고자 한다.

독자 여러분은 후천적 변화인 이름을 음파로 지어 불러주므로 해서 놀라운 기적을 체험할 수 있고 불행한 운명에 변화가 온다는 사실을 알게 될 것이다.

21세기 인류가 발견한 최대의 업적이 첫째는 반도체요 둘째는 음파이름학이다. 음파이름의 중요성을 온 세상에 펼치는 운동에 동참해 주기 바라며 세계인의 공통된 이름학설로 뿌리내리기 바란다. 음파이름은 사람의 이름뿐 아니라 만물의 이름 모두 소리의 기운 즉 음파가 시공에서 위대한 에너지(힘)를 발휘한다. 음파의 힘이 운명과 역사를 바꾸어 놓는 것이다. 빛의 파장, 전(자)파 등 모든 파장은 소리의 파장을 동반하여 움직인다. 그러므로 전화번호, 자동차번호, 집주소, 아파트 동수 등도 가족의 행복과 불행, 사업의 성패를 좌우하고 있다.

이 책이 여러분의 생활에 다소나마 도움되기를 기원한다.

1996년 좋은날

연구실에서 저자 씀

한글음파이름학

| 제6장 한글음파이름학 기초이론

| 제7장 10진법과 음파수

| 제8장 한글음파이름 부위별 역할

| 제9장 10대 음파수의 성격유형 및 특성

▌제12장 국내 인물 이름해설

| 제13장 상담과 개명

제1장 한글음파이름학 이해

1. 3가지 성격

인간은 무의식 속에 잠재된 성격과 의식적으로 표출되는 현재 성격과 미래 성격이 있다.

잠재된 성격은 태어날 때 가지고 나온 성격이며 현재 성격은 교육과 환경에 따라 변화되어 현재 나타나는 성격이며 미래 성격은 앞으로 나타날 성격이다.

잠재 성격은 선천적 조건에 의해 정해진 불변의 성격이고 현재 성격은 교육과 환경 등 후천적 변화에 의해 형성되는 성격이며 자신의 의지와 노력의 결과이기도 하다. 미래 성격은 앞으로 다가올 성격이며 미래의 자화상이다.

잠재 성격은 상황에 따라 언제든지 나타날 수 있는 불변의 성격이나 현재 성격과 미래 성격은 교육과 환경, 자신의 의지와 노력에 따라 변화되는 성격이다.

한편으로는 잠재된 성격을 선천적 조건이라 하고 현재 성격과 미래 성격을 후천적 변화라 한다.

모든 것은 자신의 의지와 노력에 따라 결정되지만 이름만은 한 번 선택하면 자신의 의지와 관계없이 남에 의해 불려진다. 부르는 이름은 무서운 에너지를 발산하여 현재 성격과 미래 성격을 부정적 행동에서 긍정적 행동으로 변화시킨다.

다시 말하면 잠재된 성격은 타고난 선천적 조건에 의해 결정되고 현재 성격과 미래 성격은 후천적 변화, 즉 교육과 환경에 의해 인간의 의지와 노력에 따라 결정된다.

인생의 모든 것은 인간이 선택하고 자신의 의지와 노력에 따라 결정되지만 유일하게 이름은 내 이름이지만 내 의지와 노력에 관계없이 남에 의해 불려지게 된다. 그러므로 부르는 이름은 자신의 현재 성격과 미래 성격을 변화시킨다.

2. 한글이름과 음파이름

이름에는 뜻글과 소리글이 있다. 한문에도 뜻글과 소리글이 있으며 우리말에도 뜻글과 소리글이 있다. 보통 사람들은 우리말이름과 한글이름을 혼돈한다.

예를 들면 '보람', '아름', '바다', '샛별', '마음', '하나', '두나', '세나' 같은 이름은 정확히 말하면 우리말이름이다.

한글이름은 사람들이 소리내어 부르는 모든 이름을 말한다. 소리글의 대표는 한글과 영어가 있다. 한글과 영어 중에 가장 과학적이고 정확한 발음을 할 수 있는 것이 한글이다. 한글은 소리를 5등분으로 분류하여 디자인하였으며 여기에서 우주만물의 모든 소리를 낼 수 있다. 한글은 세계에서 가장 우수한 글이다. 인류가 지구상에 등장한 것은 약 3백만년 전부터라고 한다. 오랜 세월 동안 지속된 원시생활이 청산된 것은 약 5천년 전이다. 그 계기가 바로 문자의 발명이다. 인간이 만물의 영장으로서 지구상의 주인이

된 것은 첫째는 말이요, 둘째가 문자이다.

한글은 한단고기, 단기고사, 홍사, 규원사화, 동국역대, 단서대강 등에 의하면 단군 때 가림다(한글)가 있었다고 한다. 첫째 단군 때부터 써오던 가림다(한글)를 세 번째 단군이신 가륵 단군 2년(B.C 2,181년) 때 삼랑을 보록에 명하여 38자를 만들고 이를 가림토문자라고 하였다. 가림토문자는 자음과 모음을 합하여 38개를 가지고 운용하였고 고조선 시대의 가림토문자는 조선시대의 세종대왕에 의해 훈민정음(한글)으로 계승 발전되었다. 삼랑은 한얼의 뜻을 전하는 인물의 직함이며 삼랑은 한얼의 뜻으로 정리한 38글자요, 한얼의 뜻에 맞게 지었으니 한얼글이요 한얼이기에 한글인 것이다.

이 한글 38글자를 조선시대 세종 때 10글자를 빼고 28글자만 골라 훈민정음이라 했는데 지금 쓰이는 글자는 4글자를 빼고 24글자만 쓰고 있다.

지금도 옛 단군조선의 땅이었던 동이녘은 일본열도, 서녘은 요동산동, 북녘은 흑룡강, 평양 등지에는 비기에 새겨진 것들이 여기저기 흩어져 남아 있다. 인도 구자라트주, 네팔 등지에도 있다. 인도 구자라트주는 지금도 한글을 사용하고 있다. 만주, 요동, 일본 등지는 2천년간 단군 조선 강역이었고 따라서 동일문화권이었기 때문에 같은 문자, 즉 한글(소리글)을 썼다. 그러므로 단군 때 가림다(한글)문자는 5천년의 역사를 가지고 있다.

조선시대 집현전 학자에 의해 28글자를 만들어 세종대왕이 훈민정음으로 이름짓고 1443년에 창제하고 1446년에 반포했다.

우리 한글이야말로 민족의 자랑이자 영광이다. 한글의 과학성과 우수성은 우리보다 외국 석학들이 더 격찬한다. 네덜란드 라이센대학 포스 교수는 "한국인은 세계에서 가장 좋은 알파벳을 발명했다", 영국의 언어학자

셈슨은 "한글은 인류가 쌓은 가장 위대한 지적 성취"라고 칭송했다. 미국의 시카고대학 매콜리 박사는 한글의 우수성에 감탄하여 1982년부터 20여 년 동안 한글날을 기념하는 행사를 열어오고 있다.

21세기 정보화시대, 컴퓨터시대에 세계 어느 문자도 한글만큼 컴퓨터에 맞는 글자는 없다고 한다. 한글의 속도는 영어의 7배, 한문의 40배나 빠르다. 한글의 정확성, 신속성, 합리성과 과학성을 말해준다. 이처럼 한글은 인류가 만든 가장 위대한 발견이며 훌륭한 작품이다. 한글이름은 곧 음파이름이다. 소리이름학은 곧 한글이름학이며 즉, 한글음파이름학이다.

지구는 자선과 공전을 하므로 이 세상 모든 물질은 진동한다. 진동하지 않는 것은 아무 것도 없다. 물질은 생성되었다가 변화될 뿐 사라지지 않는다. 진동하는 모든 것에는 음파가 있다. 그러므로 인간이 현재까지 발견한 108개의 행성은 물론 모든 우주만물에는 음파가 있다. 음파는 광의의 뜻으로 염파를 포함한다. 21세기에 접어들면서 음파에 대한 연구가 활발하다.

음파에는 좋은 음파와 나쁜 음파가 있고 서로 같은 음파끼리 교감한다. 이 음파가 인체에 미치는 영향과 인간관계, 길흉화복에 미치는 영향은 대단한 것이다.

사람의 호칭을 성명이라 하고 우주만물의 호칭을 명칭이라 하며 성명과 명칭을 광의의 뜻으로 이름이라 한다. 이름은 소리를 내어 불러주므로 음파가 엄청난 에너지 즉, 힘을 발휘한다.

이러한 한글음파이름으로 인간의 성격유형, 심리치료, 상담기법, 건강상태, 전공과 직업, 성공과 실패를 알 수 있다. 한글음파이름에 변화무쌍한 인생의 운명과 우주만물의 섭리가 있다. 한글음파이름을 통해 나와 타인을 이해하고 원만한 인간관계를 유지함으로써 새로운 삶을 창조할 수 있는 인생의 좋은 길잡이가 될 수 있다.

3. 세계 속의 한글

1) 세계 각처에서 한글의 우수성을 극찬

과학 전문지 『디스커버리』지는 1994년 6월, 한국에서 사용하고 있는 한글이 독창성이 매우 높으며, 과학적이고 기호 배합 등 효율면에서 특히 돋보이는 세계에서 가장 합리적인 문자라고 극찬했다.

1994년 5월 25일 조선일보 기사에 의하면, 제어드 다이어먼드 학자는 "한글이 간결하고 우수하기 때문에 한국인의 문맹률이 세계에서 가장 낮다"며 한글을 매우 높이 평가했다.

또한, 소설 『대지』를 지은 미국의 유명한 여류작가 펄벅은 「살아있는 갈대」에서 "한글은 전 세계에서 가장 단순한 글자이며, 가장 훌륭한 글자이다. 그리고 이를 창제한 세종대왕은 한국의 레오나르도 다빈치이다"라고 극찬했다.

쑨원(孫文, 손문)을 이어 중화민국 대총통이 된 위안스카이(袁世凱, 원세개)는 한글을 중국 글자로 삼으려 했으나 나라를 일본에 빼앗긴 조선의 글자를 어찌 쓸 수 있겠느냐는 어느 각료의 말에 따라 뜻을 굽혔다고 한다.

1996년 10월 9일 KBS-1TV에서 방영된 자료에 의하면 세계 언어학자들은 한글을 세계 공통어로 채택하기를 희망하고 있다고 했다. "프랑스회의 때 모인 세계의 언어학자들이 한국어를 세계 공통어로 채택했으면 좋겠다고 했다"는 것이다.

이와 같이 온 세계 학자들이 찬양하고 부러워하는 한글은 유네스코가 1997년 『훈민정음』을 세계기록유산으로 지정하였고 1989년부터 세계문맹퇴치운동에 헌신한 사람이나 단체에게 주는 '세종대왕상(King Sejong Literacy Prize)'은 한글의 과학적인 우수함을 증명하는 것이다.

2) 한글은 가장 풍부한 표현력을 가진 독보적인 문자

우리말은 표현력도 세계 으뜸이지만 어감(語感), 정감(情感), 음감(音感) 등도 으뜸이다. 어떤 사람은 우리 한국말이 외국어로 번역이 안 되는 경우가 너무 많다고 불평을 하기도 한다. 사실 우리말은 다양하고 매우 풍부한 표현력을 가지고 있어서, 우리말의 어감(語感)과 정감(情感)을 다른 나라 언어로 제대로 번역하지 못하는 경우가 많다.

외국인이 말을 할 때 흔히 제스처(몸짓, gesture)를 많이 쓰는 것을 볼 수 있다. 이것은 언어의 표현력이 부족하여 생기는 습관이다. 우리는 말로써 충분히 표현되기 때문에 제스처를 굳이 쓸 필요가 없다. 그럼에도, 제스처를 쓰는 것이 세련된 문화인 것처럼 인식되어, 한때는 흉내내려고 했던 사람들도 있었으니 재미있는 일이 아닐 수 없다.

3) 세계 문자사상 가장 진보된 글자가 한글

한글은 순정음(純正音), 즉 잡음이 섞이지 않은 순수한 음성기호 체계이다. 지구촌의 어떤 언어나 어떤 음성도 한글을 응용해 완벽하게 문자화할 수 있다. 그리고, 컴퓨터 환경에서 한글은 전기적 신호로 완벽한 전환이 가능하다.

한글은 28자 자체가 발음기호여서 몇 개의 유성음 기호만 추가하면 모든 음성과 언어를 완벽하게 소화해낼 수 있다. 앞으로 컴퓨터를 비롯한 우리 생활의 모든 기계들은 음성으로 통제될 것이므로, 컴퓨터와 통신 및 인터넷 등에서, 모든 언어에 응용 가능한 한글이 국제 공용문자로 적합하며 한글의 국제화 가능성은 매우 밝다고 국제 정음기호사업위원회(IPH)에서 밝혔다.

유네스코(UNESCO)에 따르면, 전 세계 약 3천여 종족이 그들의 문자가 없어서 언어가 소멸될 위기에 처해 있다고 한다. 위원회는 이들 소수민족에게 한글을 보급하는 작업을 추진 중이라고 1999년 9월 23일 유네스코가 밝혔다.

4. NDS와 NDS운동

1) NDS의 뜻

NDS는 Name Depurant Sound-wave의 약자로써 '이름을 정화시키는 음파, 즉 음파를 정화시키는 이름'을 말한다. '나쁜 한글음파이름을 좋은 한글음파이름으로' 바꾸어 주는 것을 말하며 좋은 한글음파이름으로 지어주는 것을 말한다.

2) NDS운동의 정의

NDS운동을 한마디로 말하면, 한글음파이름학을 통해 시민화합, 세계평화, 인류행복을 추구하고자 하는 시민사회운동을 말하며 첫째, 좋은 한글음파이름의 중요성을 알리는 운동, 둘째 좋은 한글음파이름으로 짓는 운동, 셋째 부정적 한글음파이름을 긍정적 한글음파이름으로 바꾸어 불러주는 운동이다. 어려운 사람에게 힘이 되어 주고 더불어 함께 잘 사는 사회를 만들기 위하여 역기능의 이름을 순기능의 이름으로 바꾸어 화합과 믿음으로 사랑과 행복이 넘치는 아름다운 세상을 만들고자 하는 것이다.

3) NDS운동의 목적

역기능의 세상인 상극시대에서 순기능의 세상인 상생시대를 만들어 화합과 사랑을 실천함으로써 더불어 함께 잘 사는 세상, 모두가 행복한 사회를 건설하는 데 그 목적이 있다.

4) NDS운동의 방법

NDS운동은 심리검사, 상담, 교육, 연수 등 평생교육, 평생학습과 좋은 음파로 우주만물의 좋은 이름짓기운동과 좋은 음파, 좋은 이름부르기운동을 통하여 NDS운동의 목적을 달성한다. 즉, NDS운동의 방법은 첫째 평생교육(심리검사, 상담교육), 둘째 작명(순기능 이름짓기운동), 셋째 호명(순기능 이름부르기운동)이다.

5) NDS운동의 필요성

우주만물을 대우주라 하고 인간을 소우주라 하며 우주만물은 NS(Name Sound-wave · 음파이름)로 구성되어 있다.

NS(음파이름)는 시간과 공간을 초월하여 존재하며 썩어 없어지지 않으며 영원히 존재한다. 소우주 인간에게는 선천적 조건과 후천적 변화가 있고 사회에는 현대사회와 미래사회가 있다. 인류에게는 현대사회 즉 대립시대와 미래사회 즉 정보화시대 및 화합시대가 있다. 현대사회는 역기능의 세상이고, 우리가 희망하는 미래사회는 순기능의 세상이다.

역기능의 세상은 갈등과 반목, 음모와 음해, 부정과 비리, 부도덕과 인간성 상실, 질병과 전쟁, 파멸과 죽음, 고통과 시련으로 허덕이는 시대이며, 순기능의 세상은 화합과 사랑으로 대립, 갈등과 고통이 없는 세계의 평화와 인류행복을 함께 누리는 시대이다. 21세기 밀레니엄 시대를 맞이하여 현대사회가 종말을 고하고 희망찬 미래사회가 열리고 있다.

역기능세상이 마무리할 때는 시기, 질투, 중상모략, 갈등과 반목, 부정과 비리, 질병과 전쟁 등으로 엄청난 파문을 남기며 처절한 모습 및 대형사고와 경악할 사건 사고들이 꼬리를 물고 일어난다. 이것은 우주만물의 에너지가 변화하는 원리에 따라 일어나는 보편적인 과정이다. 이 모두가 역기능 세상의 최후의 징조로 인류를 불안과 초조와 공포에 떨게 한다. 이는 바로 화합시대가 다가오고 있음을 알려주는 신호이다.

다가오는 화합시대를 열 수 있는 열쇠와 원동력이 바로 NDS운동이다. 음파이름은 생명이 있으며 그 답을 알고 있다. 현대사회에는 역기능하는 소리의 에너지가 온 세상을 진동하여 세상을 파괴하고 인류를 멸망하게 한다. NDS운동을 통하여 순기능하는 소리의 에너지로 세상을 바꾸어 온 누리에 좋은 소리, 좋은 음파가 퍼져 인류화합, 세계평화와 인류행복은 물론 더불어 함께 잘 사는 시대를 만들어가야 한다.

NDS운동은 평생교육, 평생학습을 통해 이루어지는 사랑과 행복의 실천운동이며 인간의 의지와 노력으로써 이룩해야 한다. 즉, 개인과 가정은 물론 지역과 사회, 인류, 나아가 우주만물을 순기능의 소리에너지로 바꾸어 좋은 소리, 좋은 음파가 세상을 지배하는 순기능의 세상, 화합시대를 만들어야 한다.

그러나 한국은 한글에 받침이 많아 부르는 소리에 역기능이 많다. 그러므로 한국에는 갈등과 대립, 반목과 음해, 부정과 비리가 특히 많이 나타난다. 개인의 이름과 우주만물의 이름을 NDS이론에 맞는 순기능 음파이름으로 만들어야 화합과 믿음으로 행복한 인생, 함께 잘 사는 사회, 아름다운 세상이 된다.

5. 한글음파이름에너지

한글은 우주의 태극, 음양, 오행의 원리로써 만들어져 우주의 진리가 내포되어 있다. 한글음파는 우주소리의 파동이며 우주소리의 움직임이다. 이러한 우주소리의 파동이 이름을 통하여 발산되는 에너지를 한글음파이름에너지라 한다.

우주만물은 스스로 움직이고 지구는 태양을 중심으로 공전과 자전을 하고 있으므로 자연과 인간이 가만히 있다고 해도 진동하고 있는 것이며 음파가 작용하고 있어 에너지를 발산하고 있다.

한글음파 즉 우주소리를 하나의 점이나 원으로 하고 이를 음과 양으로, 즉 약한 소리와 강한 소리로 나누고 이를 다시 소리의 진동원리에 따라 다섯 가지 소리로 나누었다. 어금니에서 나오는 소리를 아음이라 하여 ㄱ, ㅋ으로 표시하고 혀에서 나오는 소리를 설음이라 하여 ㄴ, ㄷ, ㄹ, ㅌ으로 표시하고 목구멍에서 나오는 소리를 후음이라 하여 ㅇ, ㅎ으로 표시하며 이에서 나오는 소리를 치음이라 하여 ㅅ, ㅈ, ㅊ으로 표시하고 입술에서 나는 소리를 순음이라 하여 ㅁ, ㅂ, ㅍ으로 표시했다.

이 다섯 가지를 기본유형으로 삼았다. 또한 이 다섯 소리를 음과 양으로 짝수와 홀수로. 마이너스(-)와 플러스(+)로, 약한 소리와 강한 소리로 표시하여 10가지로 나누어 10진법으로 표현하고 그 특성을 10가지로 분류하였다. 이러한 한글음파는 서로 만나고 부딪치며 분열하면서 새로운 소리를 만들며 엄청난 에너지를 발산한다.

칼 융 박사는 우주의 소리, 즉 마음의 소리 염파를 분석심리학이론과 심리학적 유형으로 음과 양을 에너지 경향으로, 내향과 외향으로 의식과 무의식으로 분류했다. 그것을 한글소리로 재디자인한 것이 한글음파이름학이다.

이러한 한글음파이름의 에너지를 NDS를 통하여 좋은 음파이름으로 변화시켜 불러줌으로써 좋은 한글음파이름에너지가 발산하여 좋은 인생으로 변화시킨다.

이때 자신이 바라는 염원, 즉 염파를 담아 부르게 되면 몇 십만 배의 음파에너지가 발산되어 더 빨리, 더 좋은 인생의 변화를 맛볼 수 있다. 이는 자율신경과 운동신경이 하나되는 원리, 몸과 마음이 합일하는 원리와 같다. 예를 들어 태권도 선수가 격파를 할 때 내려치는 운동신경으로 수련된 힘과 자율신경으로 정신력과 집중력을 합치게 되면 몇 십만 배의 힘을 발휘하여 엄청난 물건도 격파할 수 있는 것과 같다. 이는 몸과 마음, 의식과 무의식, 물질과 정신, 음파와 염파가 만나면 1+1=2가 되는 것이 아니라 백, 천, 만, 억이 되는 상승효과가 나타나는 것이다. 이것이 초능력, 음파에너지이다.

미국의 텍사스주립대학 연구팀에서는 소리를 에너지로 활용하는 데 성공했다고 발표하였다. 소리를 가두어 에너지를 만들었다는 발표인데, 현재는 경제성이 없어 현실화되지 못했지만 앞으로 환경문제 해결을 위해 미래 대체에너지로 활용한다는 것이다. 음파가 우주공간에서 무서운 힘 즉, 에너지를 발산하고 있음을 증명한 것이다.

미래사회에는 생각과 마음 같은 정신에너지가 물질에너지로 전환되는 시대가 예상된다. 텍사스주립대학에서 소리를 가두어 대체에너지로 만든 실험이나 태양열 혹은 빛이나 공기, 말로써 에너지를 생산한다든가, 초광력 혹은 초염력이나 기(氣)로써 질병을 치료한다든가 하는 사례들은 세계 각지에서 발견되고 있다.

6. 한글음파이름에너지의 변화

이 지구상에 같은 음파에너지를 발산하는 것은 하나도 없다.

한글음파이름에너지는 첫째, 언제 태어났느냐에 따라 에너지가 다르게 발산하고, 둘째, 어디서 태어났느냐에 따라 에너지가 다르게 발산하고 셋째, 누구에게서 태어났느냐에 따라 에너지가 다르게 발산한다.

세 가지는 자기 의사와 관계없이 선택되어지므로 선천적 조건, 즉 이미 정해진 음파에너지이다.

또한 한글음파이름에너지는 첫째, 어디에서 사느냐에 따라 에너지가 다르게 발산되며 둘째, 누구와 사느냐에 따라 에너지가 다르게 발산되고 셋째, 무엇을 하느냐에 따라 에너지가 다르게 발산된다. 이 세 가지는 자기 의사에 따라 선택하는 후천적 변화, 즉 자기 스스로가 선택하는 음파에너지이다.

이처럼 여섯 가지 조건에 따라 똑같은 한글음파이름이라 할지라도 발산되는 음파에너지는 다르게 발산하고 작용한다. 따라서 세상에는 같은 음파에너지를 발산하는 에너지의 이름은 하나도 없으며, 한글음파이름과 성격 유형이 똑같은 사람은 한 사람도 없다.

예를 들면 박영미, 모택동이라는 똑같은 이름이라 할지라도 시대에 따라, 지역에 따라, 사람에 따라 다르게 발음되어 다른 소리가 나게 된다. 똑같은 이름이라도 어느 시대에 태어났느냐, 어디에서 사느냐, 누구와 살아 어떠한 발음으로 불려지느냐에 따라 그 불려지는 대로 음파에너지는 발산되는 것이다.

7. 한글음파이름학의 이해

우주만물은 진동하고 있으며 진동하는 모든 것은 소리가 난다. 이러한 소리는 무서운 에너지를 발산한다. 부르는 이름은 엄청난 에너지를 발산하여 우주만물과 인체는 물론 모든 분야에 커다란 영향을 미친다. 이를 연구하는 학문이 한글음파이름학이다. 한글음파이름은 무의식의 세계와 의식의 세계, 선천적 조건과 후천적 변화를 좌우한다. 선천적 조건은 있는 그대로의 모습이며 불변이다. 그러나 후천적 변화는 환경과 교육 및 인간의 의지와 노력에 의해 결정된다.

선천적 조건은 씨앗이고 뿌리이며, 후천적 변화는 토양이며 환경이고 정성이다. 다시 말하면 똑같은 씨앗이라도 어떤 토양에 어떤 조건(환경)에 얼마나 정성을 쏟느냐에 따라 좋은 결실을 맺을 수도 있고 나쁜 결실을 맺을 수도 있다는 말이다. 선천적 조건은 소질이고 적성이며 불변하는 것이고, 후천적 변화는 과학이며 교육과 환경, 의지와 노력에 의해 좌우된다.

선천적 조건은 씨앗, 즉 무엇을 어디서 누구와 어떻게 하는 것이 최선이냐, 차선이냐, 차차선이냐를 찾는 것이다. 즉 제1지망, 제2지망, 제3지망을 선택하느냐를 말하는 것이다. 다만 최선을 선택하면 적은 노력으로 쉽게 성공할 수 있다는 가능성을 의미하는 것이지 그렇게 꼭 된다는 것은 아니다. 그러나 현대사회는 경쟁사회이기 때문에 나보다 여건이 더 좋은 상대를 만나면 실패하게 된다.

인간의 능력은 무한하며 특수한 사람을 제외하고는 소질과 적성은 큰 차이가 없다고 한다. 선천적 조건인 씨앗 즉 적성을 가지고 있다 하더라도 그 사람이 어떤 교육을 받고 어떤 환경에서 자랐는지에 따라, 그 사람의 의지와 노력에 따라 성공할 수도 실패할 수도 있다. 즉 후천적 변화에 따라 달라진다는 것이다. 고통과 어려움에 부딪히고 나이가 들면 의지와 노력이 약해지고 좌절하게 되며 이를 극복할 수 있는 힘을 상실하게 되므로 부족한 의지와 노력을 보완해 주어야 한다.

의지와 노력의 원동력은 지혜, 지식, 능력, 신념, 전공, IQ, EQ, 특기, 취미, 주위환경, 인간관계, 직업, 집터, 전화번호, 음파, 부르는 이름 등이다.

모든 것은 자기 스스로의 의지와 노력에 따라 결정되지만 이름만은 한 번 선택하면 의지와 노력에 관계없이 남들이 불러주기 때문에 음파가 작용하여 의지와 노력을 더욱 강하게 할 수도 있고 약하게 할 수도 있으므로 행복하고 성공할 수 있는 확률이 많을 수도 있고 불행하고 실패할 확률이 많을 수 있다.

한번 내뱉은 소리는 시간과 공간을 초월하여 사라지지 않고 우주공간에서 영원히 존재한다.

좋은 음파는 좋은 일이 많이 생기고 나쁜 일이 적게 생기며, 나쁜 음파는 나쁜 일이 많이 생기고 좋은 일이 적게 생긴다.

나쁜 음파는 나쁜 장소, 나쁜 시기, 나쁜 사람을 만나며 나쁜 음파가 서로 부딪쳐 더 큰 불행을 초래하고, 좋은 음파는 좋은 장소, 좋은 시기, 좋은 사람을 만나며 좋은 음파가 서로 부딪쳐 더 크게 성공하게 되는 것이다.

좋은 이름을 많이 불러줌으로써 좋은 음파가 작용하여 좋은 에너지를 발산하고 의지와 노력을 보완해주는 역할을 한다. 의지가 강하고 열심히 노력하게 되면 불행을 극복할 수 있고 성공할 수도 있다. 그러나 연령과 환경에 따라 의지와 노력은 한계가 있고 변하게 된다.

선천적 조건은 씨앗, 뿌리, 소질, 적성 그 자체일 뿐이며, 행복과 불행, 성공과 실패를 결정하는 것은 후천적 변화인 의지와 노력에 달려 있다.

내가 불행한 이유는 자신에게 맞는 씨앗과 적성을 찾지 못한 원인도 있겠지만 그보다 더 큰 원인은 나의 씨앗과 적성을 성공시킬 수 있는 토양과 환경을 갖추지 못하고 정성이 부족하고 강한 의지와 노력이 없었기 때문이다.

선천적 조건은 변하지 않는 것이다. 본래의 모습 그대로이다. 이름을 선천적 조건에 맞게 바꾸고 부적이나 어떤 방편을 쓰면 인생이 바뀌고 운명이 바뀐다는 말은 논리에 맞지 않다고 생각한다.

이름을 한글음파이름으로 분석해 보면 철학관이나 부모, 스님, 신부, 목사, 교수, 자신 등 어느 누가 짓더라도 모두가 선천적 조건에 맞추어 자기 모습대로 이름이 지어지게 마련이다. 과학적인 방법인 한글음파이름학에 의해 이름을 짓지 않으면 어떤 사람이 지어도 똑같은 결과가 나온다. 즉, 자신의 모습대로 이름이 지어진다는 말이다.

한글음파이름학으로 완벽하게 이름을 지을 수 있는 사람은 아직까지는 드물다. 한글음파이름학은 합리적이고 논리적이며 과학적 방법에 의해 입증되고 있다.

선천적 조건은 여러 학설이 있어 보는 사람에 따라 다르게 얘기할 수 있겠지만 한글음파이름학은 원리를 알면 누구나 똑같은 해설이 나온다. 즉 '산소와 수소가 합하면 물이 된다. 5×6=30이다' 라는 공식이 나오는 것과 같다. 다만 차이가 있다면 똑같은 이론과 학문을 연구하는 사람이라 할지라도 차이가 있다. 초등학교 교사와 대학 교수와의 실력 차이이며, 학문의 깊이와 경험의 차이 때문에 그렇다.

또한 이름은 자신이 태어나서 제일 먼저 선택하는 것이고, 죽어도 영원히 사용되고 남아 있는 것이 이름이다. 이름은 내 의사와 관계없이 남에 의해 계속 불려지게 된다. 부르는 소리는 썩지 않으므로 자기 자신뿐만 아니라 부모, 부부, 형제, 일가친지, 친구, 이웃에도 큰 영향을 미친다.

훌륭한 부모는 자녀에게 큰 영향을 미치고 자녀가 성공하면 부모, 형제는 물론 일가친척, 이웃에게도 영향을 미친다. 그 영향은 그 사람의 이름을 부르고 그 사람과의 관계를 말할 때 나타나는 것이다.

한글음파이름학은 남과 비교해서 판단하는 것이 아니라 자기 기준에서 행복과 불행, 성공과 실패를 좌우하거나 운명을 변화시킨다. 나쁜 음파이름을 좋은 음파의 이름으로 개명하여 개명한 이름을 녹음기에 녹음하여 틀어놓아 지금까지 불렸던 이름보다 많이만 불러주면 엄청난 변화를 자신이 스스로 느끼게 된다.

개인차에 따라 다르지만 보통 여자의 경우는 30세의 평범한 주부를 기준으로 할 경우 녹음기에 새로운 좋은 음파이름을 녹음하여 7개월 정도 틀어놓으면 지금까지 불렸던 것보다 10배 이상 더 많이 부르게 된다. 또 녹음할 때와 좋은 음파이름을 부를 때 잘되고 행복하기를 바라는 염파, 즉 생각과 염원을 담아서 부르면 효과는 더 빨리 나타나는 것이다.

부족한 의지와 노력을 보완하고 불행한 운명을 치유할 수 있는 최선과 최고의 방법인 한글음파이름학을 통하여 음파이름에 의한 에너지 발산으로 바라던 것이 이루어진다는 것을 믿게 될 것이다. 현실에서 '나는 어디로 가는가' 하는 나의 운명은 의지와 노력 및 음파에 의해 좌우되는 것이다. 이를 연구하는 학문이 한글이름학 즉, 한글음파이름학이다.

8. 한글음파이름학의 발견

인류 역사상 가장 위대한 발견은 반도체와 한글음파이름학이다. 21세기 인류의 최대 발전과제는 정보산업과 한글음파이름학이다. 한글음파이름은 수리로 표시한다. 수리와 음파는 서로 밀접한 관계를 가지고 있으며 음파에는 좋은 음파와 나쁜 음파가 있고 소리의 기운이 음파를 일으키며 에너지 즉, 힘을 발휘한다. 한글음파이름은 소리의 기운 즉, 음파에 근원을 두고 있다.

동양 문화권은 한문을 중심으로 철학과 정신문화가 발달되었고 서양 문화권은 수학을 중심으로 과학과 물질문명이 발달되었다. 수학은 통계학에 근원을 두고 통계학은 수리에 근본을 두었다. 서양의 수령학(수비학, munerology, Zahlenmystik)은 만물의 근원을 수로 본 그리스의 수학자 피타고라스의 사상에 그 뿌리를 두고 있다.

피타고라스학파는 사람의 생년월일에서 성격과 운명을 과학적으로 판단하는 방법을 개발하였다. 수령학 전문가들은 중세의 카발라(Kabhala, Kabala, Kabbalah, Chbala, Cabbala, Cabbaish) 학자들이 히브리 글자를 수로 바꾸어 풀이하던 방법(게마트리아, gematria)과 비슷한 방법을 써서 생년월일을 수로 환산된 이름에서 성격과 운명을 풀이하였다. 이러한 이름학의 연구는 미국에서도 계속되고 있다.

미국이나 일본 같은 선진국에서도 여자가 결혼을 하면 남편의 성을 따르고 때로는 새로운 이름을 불러주기도 하는데 이것은 이름으로 운명이 바뀌었고, 바뀌어지고 있음을 의미한다. 미국에서 말하는 음파가 전파를 통하여 전 세계에 울려퍼지고 이 전파가 인체에 좋고 나쁜 영향을 주듯이 음파 에너지가 인간의 길흉화복과 사업의 성패는 물론 국가의 흥망성쇠를 좌우 한다. 이처럼 음파야말로 위대한 힘을 가졌고, 과학 중에 최첨단 과학이다.

사람은 태어나면서부터 이미 선천적 조건이 정해져 있기 때문에 운명은 변화시킬 수 없다는 것이 선천론자의 주장이며, 사람은 태어나서 교육과 환경에 의해 운명이 변화된다는 것이 후천론자의 주장이다. 한글음파이름 학자는 선천적 조건과 후천적 변화가 50%씩 에너지가 발휘된다고 주장하 였다. 한글음파이름 이론이야말로 인류가 발견한 위대한 업적이라 하겠다.

인류 역사상 원인이 있으면 반드시 결과가 있고, 문제점이 있으면 해결 방법이 있게 마련이다. 불행이 있으면 그 치료방법이 있는 것이다. 과거에 는 불치병(폐결핵, 호열자 등)이 발병되면 속수무책으로 죽었지만 지금은 그 원인을 발견하고 치료방법을 계발하여 간단하게 치료할 수 있으며 별 문제가 되지 않는다. 공포의 암과 에이즈도 곧 치료방법이 나오게 될 것이 다. 또한 새로운 병들이 무수히 나타날 것이다.

하나님이 인간을 창조하여 태어난 선천적 조건대로 50% 살게 하고 교 육과 환경을 통하여 자신의 의지와 노력에 의해 인생의 삶을 선택할 수 있 는 선택권을 50% 주셨다. 불행한 운명을 타고난 사람에게는 후천적 변화 에 의해 새로운 삶을 살 수 있도록 하였으며 행복한 삶의 지혜를 여러 가지 방법으로 가르쳐 주었다. 바로 그 해답의 하나가 소리(음파)이며, 타고난 운명을 후천적 변화에 의해 거듭 태어나게 한 것이 바로 소리(음파)로 짓는 좋은 이름인 것이다.

인간의 삶과 행복은 인간의 의지와 노력에 의해 결정되는 것이며 즉, 후천적 변화에 의해 선택되는 것이다.

이 원리를 발견하고 수십년 전부터 수십만 명의 이름을 통계로 연구 분석한 결과 소리로 이름을 짓는 한글음파이름학을 발견하게 되었다.

그리하여 필자와 필자의 가족에게 갑자기 닥친 엄청난 불행의 원인을 발견할 수 있었고 그 문제점을 해결할 수 있었다.

필자는 어린 시절부터 인생의 운명에 깊은 관심을 가지고 연구분석하고 체험하고 실습하였으며 특히 소리글인 한글이름을 연구하다 이 학문이 너무나도 심오하고 과학적인 학문임을 깨달았다. 사주팔자와 같은 역학과는 정반대의 학문으로 사주와 역학은 한 인간의 이미 정해져 있는 삶의 형태이고, 한글음파이름학은 후천적 변화에 의해 거듭 태어날 수 있는 삶의 모습으로서 가장 정확한 과학으로 대학에서 정식 학문으로 연구하고 배울 가치가 있다고 생각하였다.

모든 사람들이 이 학문을 배우고, 익히고, 연구하여 전 세계에 널리 보급, 계승, 선양하여 역기능의 세상인 과거사회에서 갈등과 대립, 핍박과 암흑의 고통 속에 살아왔던 지난날을 잊어버리고 모든 사람이 함께 더불어 사는 순기능의 세상인 미래사회를 열어 세계평화와 인류행복을 창조하고 기쁨과 보람으로 살아갈 수 있기를 바란다.

이 학문으로 필자의 가족과 주위 사람들의 한글음파이름을 연구 분석, 검증해 본 결과 남들이 알지 못하고 왜곡되게 알려진 말 못하는 자신만의 비밀이 너무나도 정확하게 적중하여 감탄하지 않을 수 없었다.

필자는 많은 사람들의 이름을 개명하여 개명한 이름을 녹음기를 통해 틀어놓고 부르게 하였다. 그러자 빠르면 1개월, 늦으면 7개월 안에 엄청난 변화가 생기는 것을 발견하였다. 이름을 좋은 음파로 개명하여 자신이나 아는 사람이 불러만 주면 확실하게 변화가 온다. 모르는 사람이 부르면 아무런 의미가 없다. 아는 사람이 불러야만 음파가 작용하는 것이다. 텔레비전이나 라디오는 전파를 타고 전 세계인에게 소리를 들려준다. 그러나 그 전파는 KBS는 KBS 채널을 통하여,SBS는 SBS 채널을 통하여, MBC는 MBC 채널을 통하여 전파가 전달되어 우리의 안방에서 모든 것을 보고 들을 수 있듯이 음파 역시 아는 사람이 음파를 보내야만이 소리의 에너지가 작용하는 것이다.

1997년 3월부터 한양대학교 사회교육원을 시작으로 동의대학교 평생교육원, 부산대학교 사회교육원, 부성평생교육원, 한얼평생교육원, 음파이름평생교육원 등에서 새로운 학문으로 한글음파이름학, 한글음파이름과 성격유형, 한글음파이름과 상담교육, 한글음파이름과 심리상담, NDS이론, NDS상담사양성과정 등을 강의하기 시작하였다.

9. 한글음파이름에 사용할 수 없는 글자

1) 한글음파이름에 사용할 수 없는 글자

아래 한글(소리글자)을 음파이름(NDS)에 사용하면 가족관계에 해로운 음파가 작용하여 서로간의 이별과 불화는 물론 불구, 살상, 난치병, 형벌, 단명, 부도 등의 불행이 생기며 성공과 행복에 장애가 많고 어려움과 고통이 따른다. 아래 글자들을 이름에 사용하여서는 안 된다.

【도표1】

강·갱·경·공·광·궁·긍·남·납·녑·놈·눔·늠·님·닙·담·답
돔·람·렴·렵·룸·름·림·립·만·말·망·맹·면·멸·명·몰·몽
문·물·민·밀·반·발·방·번·벌·변·별·병·본·봉·분·불·붕
빈·빌·빙·삭·산·살·색·석·선·설·속·손·솔·숙·순·술·슬
식·신·실·악·암·임·엄·염·옥·욱·음·읍·입·작·잔·적·전
절·족·존·죽·준·줄·즉·즐·직·진·질·착·찬·찰·척·천·철
촉·촌·축·춘·출·측·칙·친·탐·탑·판·팔·편·폄·평·푼·풍
필·학·함·합·험·혁·혐·혹·홉·훅·흑·흠·흡

※ 단, 특별한 경우와 전공 및 직업에 따라 위의 글자들을 사용해도 아주 좋은 음파로 변할 수 있다.

2) 글자와 받침과의 관계

받침이 없는 글자의 앞글자나 또는 받침글자와 다음 글자의 첫소리가 아래와 같아도 해로운 음파가 작용을 한다.

【도표2】

> (ㄱㅋ-ㅇㅎㅅㅈㅊ) (ㄴㄷㄹㅌ-ㅅㅈㅊㅁㅂㅍ) (ㅇㅎ-ㅁㅂㅍㄱㅋ)
> (ㅅㅈㅊ-ㄴㄷㄹㅌㄱㅋ) (ㅁㅂㅍ-ㄴㄷㄹㅌㅇㅎ)

예 : 석재, 석우, 택수, 순신, 한빛, 승만, 범호, 성기, 대중, 현숙,
　　　옥희, 정민, 정빈, 준철, 범도, 자근 등

10. 음파의 표시방법

우주공간에는 시공을 초월하여 염파와 음파에너지가 작용하고 있다. 음파에는 광의의 뜻과 협의의 뜻이 있다. 광의의 뜻은 염파나 음파를 모두 포함하고 협의의 뜻은 음파만을 의미한다. 음파에는 심리적 음파와 물리적 음파가 있는데 심리적 음파를 염파라 하고 물리적 음파를 음파라 한다.

염파는 마음의 음파로 인간의 선천적 조건은 염파에 의해 작용되고, 이미 부모로부터 태어날 때 하나님으로부터 받은 운명이므로 어떠한 경우에도 변하지 않는 것이다. 음파는 인간의 의지나 사물의 변화에 따라 생기고 작용하는 후천적 변화의 대표이다. 후천적 변화는 인간이 태어나서 인간의 의지와 노력에 의해 자신이 선택하고 교육과 환경에 따라 변화하는 것이다. 그러므로 후천적으로 운명을 개척하고 변화시킬 수 있는 것이며 대표적인 것이 음파에 의한 인간의 한글음파이름이다.

음파에는 마음의 음파, 빛의 음파, 소리의 음파, 전자의 음파 등이 있다. 우주만물은 가만히 있어도 우주만물 자체가 움직이고 있기에 우주만물의 모든 것은 소리가 나고 음파가 일어나고 있다. 모든 만물이 진동할 때는 인간이 들을 수 있는 소리보다 들을 수 없는 아주 작은 소리를 동반하는 경우가 많다. 소리의 파동이 전자파를 통하여 라디오나 전화로 들을 수 있고 소리의 파동과 빛의 음파가 전자파를 통하여 영상을 만들어 안방에서 텔레비전을 볼 수 있다.

소리는 인간의 오장육부에서 목의 성대를 통해 나온다. 간장을 통하여 나오는 어금닛소리(아음)는 ㄱ, ㅋ이며 심장을 통하여 나오는 혓소리(설음)

는 ㄴ, ㄷ, ㄹ, ㅌ이고 비장을 통하여 나오는 목구멍소리(후음)는 ㅇ, ㅎ이고 폐장을 통하여 나오는 잇소리(치음)는 ㅅ, ㅈ, ㅊ이며 신장을 통하여 나오는 입술소리(순음)는 ㅁ, ㅂ, ㅍ이다.

이러한 소리가 서로 만나고 헤어지면서 위대한 에너지를 발산한다. 각종 소리를 가나다라 혹은 ABCD나 갑을병정으로도 표시할 수 있지만 여기서는 세계 각국에서 공통으로 사용하고 과학적인 수학의 가장 기본이 되는 아라비아숫자인 1, 2, 3, 4로 표시하였다. 소리 역시 한글, 한문, 영어, 일어, 중국어 등 각국 나라의 글자로 쓰고 소리나는 대로 표시할 수 있지만 세계에서 가장 우수한 소리글자인 한글이 타당도와 신뢰도가 가장 높으므로 한글을 사용하여 ㄱ, ㄴ, ㄷ으로 표시하였다.

한글음파이름을 설명하는 데 한글인 ㄱ, ㄴ, ㄷ……과 아라비아숫자인 1, 2, 3……으로 표시하여 소리의 파동 즉, 음파로 발산하는 에너지의 신비한 힘의 작용을 설명하겠다.

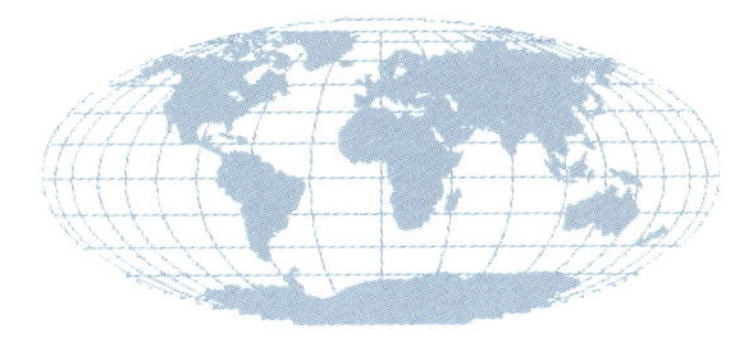

제2장 한글음파이름학 개요

1. 한글음파이름학의 정의

한글음파이름학은 칼 융의 분석심리학 및 심리유형이론과 음파이름에너지이론, 즉 파동에너지이론과 음파이름학을 근거로 인생의 과거, 현재, 미래를 예측하고 이에 대한 대안을 제시하는 새로운 학설이다.

한글음파이름에는 크게 나누어 염파와 음파의 영역이 있다. 그러나 염파와 음파를 포함하여 광의의 뜻으로 음파로 표현한다. 염파는 마음의 파동을 말하며 무의식세계, 자율신경이 작용하여 정신에너지가 발산하고 음파는 소리의 파동을 말하며 의식세계, 운동신경이 작용하여 물질에너지가 발산한다. 이 두 에너지가 합치면 초능력의 엄청난 에너지가 발산하게 된다. 한번 내뱉은 음파이름의 소리는 시간과 공간을 초월하여 썩지 않고 우주공간에 영원히 존재한다.

음파이름에서 발산되는 에너지는 자신은 물론 배우자, 자녀, 부모, 형제, 자매와 일가친척은 물론 친구에게도 영향을 미치며 죽어서도 그 영향력은 없어지지 않는다. 또한 좋은 음파이름은 좋은 음파이름끼리 서로 교감하고 나쁜 음파이름은 나쁜 음파이름끼리 서로 교감하므로 좋은 음파이름을 많이 부르게 되면 좋은 일이 많이 생기고 나쁜 음파이름을 부르게 되면 나쁜 일이 많이 생기게 된다.

음파이름은 음파이지만 반드시 염파를 담고 다니며 의미와 역할을 내포하고 있다. 사람의 이름을 포함하여 우주만물의 이름을 한글음파이름으로 분석해 보면 자기의 운명과 역할대로 음파이름이 지어지게 마련이고 음파이름대로 살아가고 그 역할을 하게 되는 것이다. 이러한 한글음파이름 중에는 좋은 에너지가 나오는 것과 나쁜 에너지가 발산하는 것이 있다. 나쁜 에너지가 발산하는 한글음파이름을 좋은 에너지가 발산하는 한글음파이름으로 바꾸어 지금까지 불렀던 것보다 더 많이만 불러주면 먼저 생각과 성격이 변하게 되며 습관과 행동이 변하고 인생이 변하게 된다.

한글음파이름학은 NDS(Name Depurant Sound-wave)를 통하여 나쁜 음파이름, 즉 역기능의 이름을 좋은 음파이름, 즉 순기능의 이름으로 바꾸어 화합과 믿음으로 사랑과 행복을 실천하여 개인의 행복은 물론 세계평화와 인류의 행복을 추구하는 아름다운 세상을 만들고자 한다. 다시 말하면, NDS는 부르는 이름의 소리와 말을 정화시켜 좋은 음파이름으로 바꾸어주므로 더불어 함께 잘 사는 행복한 사회를 건설하고자 한다.

2. 칼 융의 분석심리학과 음파이름

분석심리학은 다른 경험심리학과 마찬가지로 무엇보다도 체험을 통하여 이해될 수 있는 심리학설이다. 분석심리학은 끝없는 인간심리의 심층을 탐구하려는 작은 시도에 불과하다. 분석심리학은 체험을 바탕으로 하는 심리학설이라는 데 그 특징이 있다.

분석심리학은 무엇이 선이냐, 악이냐를 사회수준에 맞추어 따지거나 인간이란 어떻게 살아야 한다고 일반적인 방향을 제시하고 설교하는 학문이 아니다. 인간의 마음속에 무엇이 어떻게 작용하고 있는가를 살펴보고 거기서 얻은 사실을 바탕으로 각 개인의 의지와 의욕의 방향을 살펴본다.

인간의 마음에는 '나-자아' 가 있다. '나' 의 둘레에는 의식이 있다. 내가 의식하고 있는 모든 것, 나의 생각, 내 마음, 내 느낌, 나의 이념, 나의 과거, 내가 아는 이 세계 무엇이든 자아를 통해 연상되는 정신적인 내용은 의식이다. 나는 이 의식의 중심에 위치한다.

내가 아는 세계가 의식이라면 내가 가지고 있으면서 내가 아직 모르는 정신세계를 무의식이라 부른다. 자아에 속하지 않으며 자아와 아직 연관되지 않고 있는 모든 심리적 경향 내용들을 통틀어서 무의식이라 부른다. 무의식이란 아직 의식되지 않는 정신세계로서 자아의 통제 밖에 있는 미지의 정신세계를 말한다. 무의식을 바다에 비유한다면 의식은 자그마한 섬과 같다. 의식은 우리 정신의 모든 것을 대변하지 않으며 그것은 주위 자그마한 일부에 지나지 않는다. 자아란 그 자그마한 일부의 중심이다. '심리 내용의 자아와의 관계성' 이 자아에 의해서 인지되지 않으면 그것은 의식이 아니고 무의식적인 것이다.

그러므로 의식이란 자아에 대한 심리적 내용의 관계를 유지하는 기능이며 활용이다. 의식이란 마치 피부와 같은 표면이다. 그 밑에 끝없는 미지의 영역이 있다. 우리는 이것을 가볍게 무의식이라 부르지만 무의식이 얼마만큼 큰 세계를 지배하고 있는지 알 길이 없다. 의식이 무의식에 비길 데 없이 작다고 해서 의식의 기능을 무시하고 비평하면 그것은 잘못이다.

자아가 없으면 인간정신의 성숙도 불가능하고 융의 개성화도 불가능하다. 무의식적인 것을 의식화하려면 자아가 있고 의식이 있어야 한다. 의식에 비해 무의식은 작은 섬을 둘러싼 대양과 같은 것이라 하였다. 그러나 의식은 작은 섬처럼 가만히 있는 실체가 아니고 항상 변하고 있다. 무의식은 무한히 크다. 우리가 모르는 것이기 때문이다. 그러나 의식도 커지고 있다. 무의식의 내용을 의식함으로써 의식은 그 시야를 넓혀가고 있다.

무의식은 '혹'이 아니고 샘물과 같은 것이다. 거기에는 무한한 가능성으로 향하는 에너지가 저장되어 있다. 생명의 원천이며 창조적 가능성을 지닌 것이다. 체험하며 의식의 것으로 동화해야 할 것들이다. 무의식의 또 하나의 특징은 자율성이다. 우리가 잠잘 때 계속해서 기능을 발휘하는 식물성 신경기능(자율신경)처럼 무의식은 의식작용에 구애받듯이 그 스스로의 법칙에 따라서 움직여가고 있다는 견해이다.

그런 의미에서 무의식은 의식작용보다 더 항구적이며 때로는 그를 능가하는 특징을 가진 것이라고 보는 것이 사실이다. 무의식의 의식에 대한 관계는 대상적이다. 무의식은 의식에 결여된 것을 보충하는 역할을 하며 그럼으로써 2개체의 정신적인 통합을 꾀한다. 의식이 지적이면 무의식은 정적이며 의식은 외향적이고 무의식은 내향적 경향을 띤다.

음파이름을 통하여 의식과 무의식을 찾아내고 특성을 변화시킬 수 있다. 다시 말하면 잠재하고 있는 무의식은 물론 의식까지도 나쁜 에너지를 좋은 에너지로 변화시킬 수 있다.

3. 칼 융의 심리유형이론과 NSCI

1) 심리학적 유형론

심리학적 유형론은 본래 인간 개인 개인의 심리적 특성을 이해하는 과정에서 생긴 학설이다. 특히 사람의 선천적인 마음과 후천적인 마음을 이해하고 이것이 변화하는 과정을 이해하는 데 의의가 있다.

칼 융은 "나의 생애는 무의식이 그 자신을 실현한 역사이다. 무의식에 있는 모든 것은 사건이 되고 밖의 현상으로 나타나며 인격 또는 그 무의식적인 여러 조건에 근거하여 발전하며 스스로를 전체로써 체험하게 된다"라고 말했다.

인간 상호간의 의사소통을 가로막는 오해, 논쟁, 편견의 근원을 살펴보면 사람들이 사람이나 세상을 보는 입장이 서로 다르기 때문임을 알 수 있다. 무엇을 더 중요하게 여기는가 하는 가치에 대한 전제가 다르기 때문에 결국 서로 말이 빗나가고 격론이 벌어지고 심지어는 반목하여 피비린내 나는 권력투쟁으로까지 번지게 된다. 그러나 남은 곧 내가 아니다. 한가족에서도 마찬가지다. 이러한 구별을 의식하는 것이 고통스러운 일이지만 이 고통은 인간관계의 진실을 인식하는 데 밑거름이 된다.

칼 융의 심리학적 유형론도 융 자신의 인간관계에서의 고통스러운 갈등이 밑거름이 되어 생긴 것이며 융이 그 고통을 심리학적 통찰의 원동력으로 삼았다는 데 또한 그의 인간형의 특징이 있다고 한다.

2) 일반적 태도의 유형

융은 심리학적 유형을 두 가지 측면에서 보고 있는데 그 첫째는 일반적인 태도상에서 보는 유형으로 내향적 태도, 외향적 태도를 말하며 둘째는 정신의 각 특수기능을 중심으로 하며 그중 적응과정에서 가장 흔히 쓰이는 분화된 기능에 따라 구분하는 유형으로 이를 기능유형이라 했다. 흔히 내향적인 태도는 수줍고 비사교적인 태도, 외향적인 태도는 사교적이고 활발한 사람의 태도를 두고 말한다.

내향적, 외향적 태도의 구별은 그 개체의 주체(subjekt)나 객체(objekt)에 대한 태도에 따라서 내릴 수 있다. 그 사람의 태도가 객체를 주체보다 중요시하면 그는 외향적 태도를 취한다고 말할 수 있고 반대로 객체보다도 주체를 중요시하면 그는 내향적 태도를 취한다고 할 수 있다. 다시 말하면 어떤 사람의 행동과 판단을 결정하는 것이 주로 객체일 때 그의 태도는 외향적이라고 할 수 있다.

외향형은 리비도(Libido-심리적 에너지)가 바깥세상, 다른 사람 등 객관세계로 향하여 흐르는 데 비해서, 내향형은 에너지를 밖으로 내보내지 않고 될 수 있는 대로 안으로 간직하려고 한다. 다시 말해서 내향형은 리비도가 안으로, 즉 주체로 향하여 흐른다.

외향형은 사회활동과 실리를, 내향형은 자기충실과 원리원칙을 높이 내세우고 각각 이에 관심을 가진다. 이 두 가지 유형은 너무나 다르기 때문에 보통 사람들도 쉽게 그 차이를 식별할 수 있다.

칼 융은 이런 두 개의 상반된 경향이 과연 교육이나 그 밖의 환경 때문이겠느냐에 반문한다. 물론 부모나 사회의 교육에 의해서, 혹은 본인의 의지에 따라 두 가지 경향이 형성되는 수도 있을 것이다. 그러나 자세히 관찰하면 어릴 때부터 이 두 가지 성향은 뚜렷이 구분된다. 물론 어린이에게서조차 부모의 무의식적인 영향을 고려하지 않을 수 없다. 그러나 정상적인 가정에서 자라났으면서 형제 자매 간에 특히 쌍둥이도 각기 내향적이거나 외향적인 성향이 두드러진 아이가 있다.

또한 이런 두 가지 유형은 어느 민족에게서도 볼 수 있고 어느 사회계층에서도 한결같이 두 가지 유형이 발견되며 어느 시대에도 내향형과 외향형 간의 갈등은 끊이지 않았다. 그런 점으로 보아서 내향, 외향의 두 태도상의 유형은 어느 집단이나 종족, 또는 시대의 특수한 유형이 아니고 보편적인 것이며 어렸을 때 이미 본능적으로 구별되는, 태어날 때부터 가지고 나온 성향인 것 같다고 칼 융은 말한다.

(1) 외향형

외향형에 있어 의식의 일반적 태도는 중요한 결정이나 행동의 대부분이 주체의 의견에 의하지 않고 객관적인 상황에 의해서 좌우될 때 이를 외향적 태도라 하고 이런 외향적 태도가 습관화되어 그의 생활의 일정한 특징을 이루면 그를 외향형이라 부른다.

이러한 사람들은 현실적이고 구체적인 것에 관심을 가지고 먼 미래보다 현재의 가장 가까운 주변의 사건들을 추구한다. 도덕적인 행동기준도 사회가 가지고 있는 도덕적 욕구, 즉 일반적인 도덕관과 완전히 일치한다. 일반적인 도덕관이 바뀌면 자기의 행동 기준도 바뀐다. 그러므로 그는 내향형으로부터는 곧잘 기회주의자, '지조가 없는 사람, 뼈대가 없다, 비겁하다'

는 등 비난을 받기 쉽다. 그러나 외향형은 그렇게 말하는 내향형에게 '이해할 수 없는 고집불통' '시류를 외면하는 보수주의' '이기주의자' '독선자'라고 응수하기 마련이다.

(2) 내향형

내향형에 있어 의식의 일반적 태도는 똑같은 사물을 보아도 외향적인 사람은 객체가 그에게 요구하는 것을 주로 보지만 내향적인 사람은 객체의 인상이 주체 안에서 형성한 것에 의거해서 사물을 본다. 내향적인 의식의 태도에도 물론 외적인 조건을 인식하는 능력이 있지만 언제나 그 판단과 행동에 결정적인 것은 주관적인 속성이다.

3) NSCI

NSCI는 Name Sound-wave Character Indicator의 약자로서 칼 융의 심리유형이론과 한글음파이름이론을 근거로 한 성격특성이론이다. 이 이론은 개인의 NS(음파이름)에 따라 각 개인의 성격유형을 나눌 수 있으며 이를 통하여 자신과 타인에 대한 깊은 이해를 할 수 있고 자신의 타고난 성격, 적성, 진로 및 직업, 건강, 인간관계(가족관계, 교우관계, 친구관계, 남녀관계, 이성관계, 직원관계, 대인관계 등) 및 미래를 예측할 수 있으며 이를 대비할 수 있는 방안을 제시하여 행복한 삶, 건강한 사회를 이루고자 한다.

NSCI는 크게는 외향과 내향으로 구분하고 이를 다시 EOIT형, ETIF형, EFIS형, ESIE형, ENIZ형의 다섯 유형으로 분류하고 이 다섯 유형을 외향과 내향으로 나누면 EOT형, IOT형, ETF형, ITF형, EFS형, IFS형, ESE형, ISE형, ENZ형, INZ형으로 10개 유형이 있다. 이를 또다시 외향과 내향으로 분류해 나가면 끝없이 수많은 유형으로 나눌 수 있다.

또한 이러한 유형들이 언제 태어났느냐, 어디에서 태어났느냐, 누구에게서 태어났느냐에 따라 다를 수도 있고, 어디에서 살고 있느냐, 누구와 살고 있느냐, 무엇을 하고 있느냐에 따라 다르게 나타날 수 있으므로 세밀하게 분석하면 이 세상에 같은 유형은 단 한 사람도 없는 것이다. 이러한 유형을 다양한 방법으로 적용하여 사용할 수 있으며 나아가 미래예측까지 가능하고 자신의 특성과 문제점을 해결할 수 있는 방안을 제시하기도 한다.

4. 음파이름에너지이론

우주만물은 진동하며 진동하는 우주만물은 소리가 나고 이 소리는 만나고 분열하면서 에너지를 발산한다.

음파이름에너지는 음파에너지, 자연에너지, 우주에너지, 생명에너지, 미세에너지, 미지에너지, 미래에너지 또는 NDS에너지라고도 부르며 일반적으로 파동에너지라고도 말하나 여기서 말하는 에너지란 현대 물리학에서 말하는 에너지 개념으로서의 에너지나 단순한 파동에너지의 개념은 아니다. 이 에너지는 소립자나 쿼크(quark : hadron의 구성요소로 간주되는 입자)보다도 훨씬 미세하기 때문이다.

　세계 각지의 미세에너지론에는 공통점이 많은데 그중에서도 의식의 미세한 에너지가 응축해서 결정화한 것이 물질이며 그것이 곧 육체라는 견해가 지배적이다. 그러나 이와 같이 계측할 수도 없고 눈에 보이지 않는 에너지의 존재를 중국에서는 '기(氣)'라고 하여 이를 연구하고 있고 인도에서는 '프라나'라고 부르는데 이것은 인간을 마음과 육체로 나누지 않고 전체를 하나의 에너지로 본다.

【도표3】

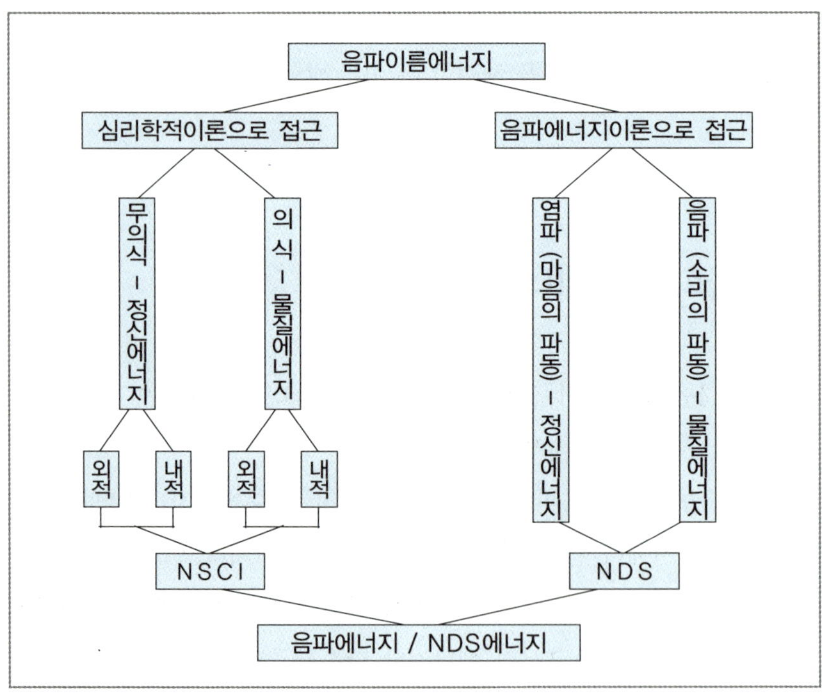

"태초에 카오스가 있었나니 이에 질서를 부여하여 코스모스가 되었다"

는 그리스 신화의 우주생성에 관한 설명은 현대과학이 말하는 것과 크게 다르지 않다. 무한의 공간, 즉 우주의 어머니격인 또 하나의 대우주에 자리한 '부동의 덩어리 카오스' 안에서 만물의 씨앗이 잠재해 있었고 그로부터 코스모스는 시작되었다. 그 우주의 모태인 대우주의 초광력, 초능력 그것은 또 하나의 미래의 코스모스를 예견하는 '부동의 에너지'가 아닐 수 없다. 이 '부동의 에너지'가 바로 음파이름에너지 즉 NDS에너지이다.

　이러한 음파에너지는 진동(oscillation/vibration)과 파동(wave)과 에너지(energy)를 근거로 연구되어 왔으며 에너지의 본질은 떨림(진동)에서 삼라만상을 눈에 보이지 않는(invisible) 작은 것에서부터 눈에 보이는(visible), 큰 흔들림에 이르기까지 온통 흔들림으로 존재하며 삼라만상은 '기(氣)' 즉 '에너지(energy)'의 이합집산이라고 볼 수 있다. 진동은 주기적으로 계속되는 운동이며 파동은 진동의 일종이다. 우주만물이 진동할 때는 음파가 작용하며 이 음파는 엄청난 에너지를 발산하게 된다. 이와 같은 음파는 소리, 전파, 단파, 초단파, 극초단파, 기, 음파이름으로 진동하여 이에 따른 에너지가 발산되어 우주만물을 변화시킨다.

음파(진동)의 측정

음파 (진동)	소리 (sound)	전파 (electric wave)	단파 (short wave)	초단파 (ultrasho rt wave)	극초단파 (micra wave)	기(氣)	음파이름 (염파 포함) (한글음파이름)
	10s-1만c 이하	~10만c 이하	~100만c 이하	~1,000만c 이하	~억c 이하	과학초월	정신, 과학 초월
	인간감지	라디오로 잡힘	빛을 발함 흑백TV, 전송사진	칼라TV	인공위성	brain wave	mind wave
※ 1cycle : 1초에 1회 진동							

음파에는 마음의 소리파동(떨림, 두근거림, 편안 등), 즉 염파와 목소리 파동인 음파가 있다. 염파는 마음의 소리, 우주의 소리, 자연의 소리를 통하여 에너지를 발산하며, 이를 정신에너지라 하고 이는 사회과학이나 심리학적으로 계속 연구되고 증명되며 발전하고 있다.

또한 모든 만물은 진동하며 이를 물질에너지라 하고 세계적으로 과학자들에 의해 많은 부분 증명되었으며 계속 연구되어지고 있다(체온감지기, 열감지기 등). 미래학자들은 염파와 음파, 즉 마음과 생각 같은 정신에너지가 소리, 빛, 전파와 같은 물질에너지로 전환되어 사용되고 있고 앞으로 그 영역이 계속 넓혀진다고 한다.

염파와 음파를 하나의 에너지로 보며 두 음파가 하나의 음파로 접목될 때 초능력에너지가 발산된다. 이것이 강한 사람들은 보통 사람들이 행할 수 없는 능력이 발산되며 어느 한곳이 집중적으로 드러날 때 천재, 영재로 보여지기도 한다. 우주만물의 이름과 사람의 이름은 음파이름을 통하여 에너지를 발산하므로 엄청난 변화와 영향력이 미치게 된다. 다시 말하면, 우주만물이 분열하면서 엄청난 에너지를 발산하여 우주만물을 변화시키고 인생을 변화시키며 사업의 성공과 실패를 좌우한다.

구체적으로 말하면, 우주만물과 사람은 이름이 있고 그 이름을 부르면 소리가 나고 그 소리의 만남과 부딪침과 분열되는 모양과 변화에 따라 에너지가 발산되며 그 에너지는 우주만물과 인생을 변화시키는 것이다.

테이비드 호스틴 박사는 인간정신진화의 전문가이며 1952년부터 정신요법을 연구한 사람으로 '표면의식에서는 모른다고 생각되는 것도 인간의 깊은 잠재의식에서는 이미 충분히 알고 있음' 을 증명해 보였으며 내면의

신성이 활성화되는 시대가 다가오고 있음을 예고해주고 있다고 한다.

필자는 태어난 선천적 조건에 따른 잠재의식의 수준이 긍정적인 에너지를 받을 수 있도록 순기능의 이름짓기 운동을 하게 되었으며 좋은 음파이름으로 바뀔 때, 성격이 변하고 습관이 변하며 생활이 변하고 운명이 변해 인생을 변화시킨다고 본다.

5. 한글음파이름학의 영역

우주만물에는 이름이 있다. 이름을 부르면 음파에너지가 발산한다. 그러므로 한글음파이름학으로 우주만물의 변화를 알 수 있다. 나쁜 음파이름 에너지를 좋은 음파이름에너지로 바꾸어 주면 좋은 일들이 많이 생기고 좋은 변화를 가져오게 된다. 이러한 한글음파이름에너지가 세상을 아름답게 만들어 준다. 이뿐만 아니라 한글음파이름에너지는 인간의 행복과 불행, 사업의 성공과 실패는 물론 기업과 국가의 부흥과 쇠퇴를 좌우하며 모든 영역에서 활용된다.

그러므로 아래와 같이 다양한 분야와 영역에서 활용될 수 있다.

심리검사, 성격유형검사, 인성검사, 적성검사, 흥미검사

교육계획, 교육방법, 학습방법, 지도방법

상담교육, 인성교육, 적성교육, 직업교육, 경영기법

6. 한글음파이름학의 활용범위

(1) 자기계발 : 자기발견, 자기관리, 특성계발, 표현관리,
　　　　　　　건강관리, 타인관리, 리더십계발

(2) 진로선택 : 적성파악, 진로탐색, 직업선택, 파트너선택

(3) 인간관계 : 타인이해, 대인관계, 갈등해소, 문제해결, 이성관계

(4) 의사결정 : 의사결정, 의사소통, 업무능력계발

(5) 상담기법 : 상담기법, 건강상담, 진로상담, 생활상담

(6) 경영기법 : 조직관리, 인사관리, 생산관리, 노무관리,
　　　　　　　판매관리, 사내교육

(7) 미래예측 : 위치선택, 일시선택, 각종 번호(차 번호, 전화번호,
　　　　　　　주소, 아파트)선택, 미래예측

7. 한글음파이름학의 성향

【도표4】

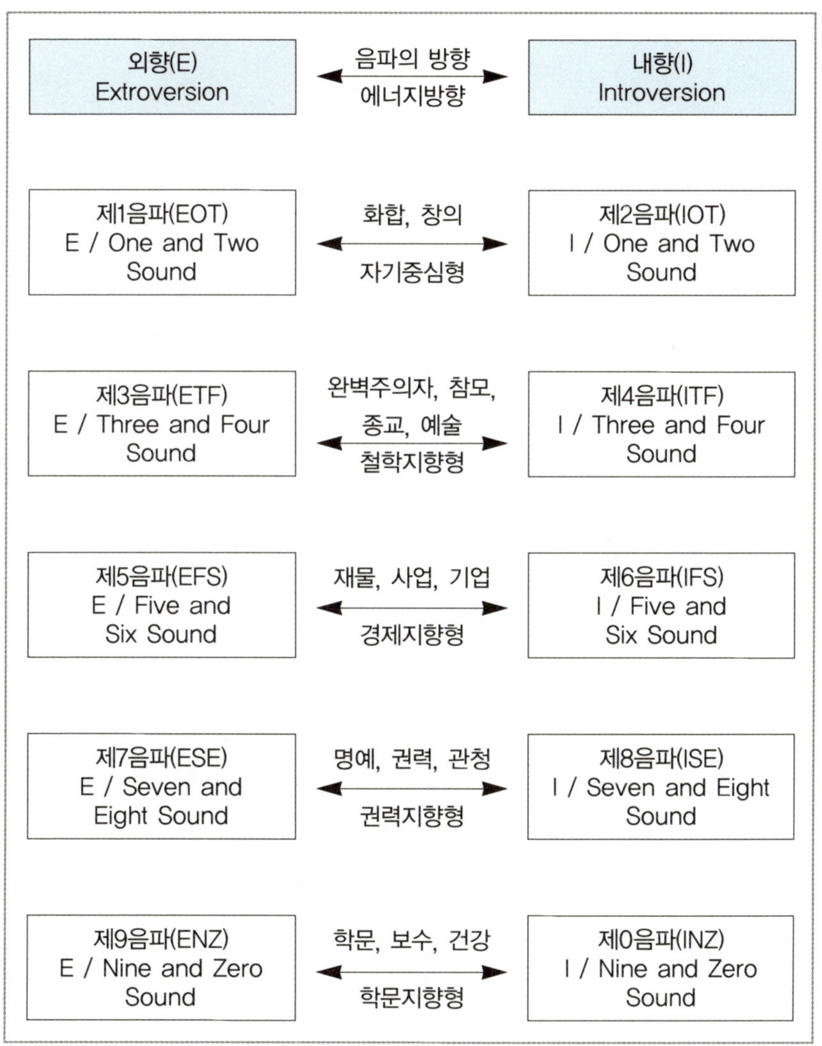

8. 한글음파이름학의 5대유형

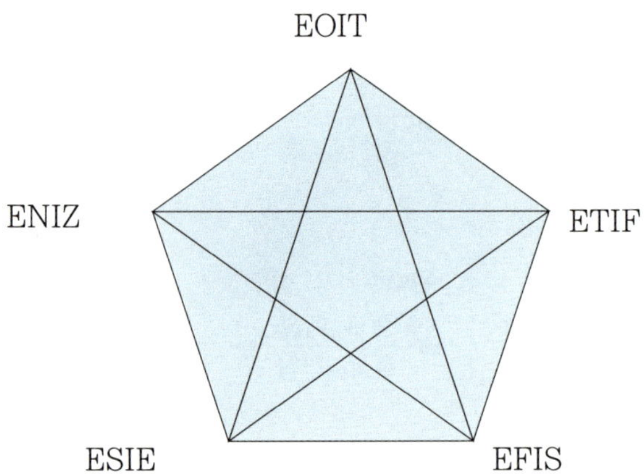

1. EOIT : 자기중심형 / 화합, 독창, 창조

2. ETIF : 철학지향형 / 정신, 연구, 예술

3. EFIS : 경제지향형 / 재물, 기업, 사업

4. ESIE : 권력지향형 / 명예, 권력, 관청

5. ENIZ : 학문지향형 / 학문, 건강, 수명

9. 한글음파이름학의 10대유형

【도표6】

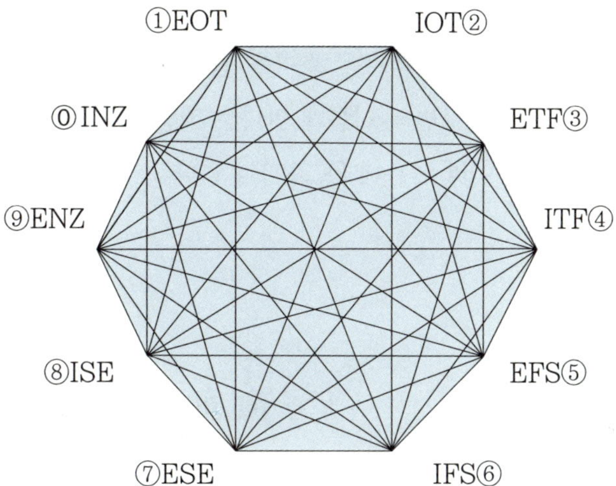

① EOT : 독립	② IOT : 화합
③ ETF : 정신	④ ITF : 고독
⑤ EFS : 사업	⑥ IFS : 재물
⑦ ESE : 명예	⑧ ISE : 안정
⑨ ENZ : 개혁	⑩ INZ : 학문

10. 한글음파이름학의 구성과 기능

1) 한글음파이름학의 구성

소리는 다섯 가지로 나누어 어금닛소리 즉, 아음(ㄱ, ㅋ)과 혓소리 즉, 설음(ㄴ, ㄷ, ㄹ, ㅌ)과 목구멍소리 즉, 후음(ㅇ, ㅎ)과 잇소리 즉, 치음(ㅈ, ㅊ)과 입술소리 즉, 순음(ㅁ, ㅂ, ㅍ)으로 구성한다.

이 소리는 서로 만나서 새로운 소리를 만들며 강력한 에너지를 발산한다. 이 소리가 서로 만나면서 이롭게 만나는 것을 순기능이라 하고 해롭게 만나는 것을 역기능이라 하는데 【도표7】과 같다.

【도표7】

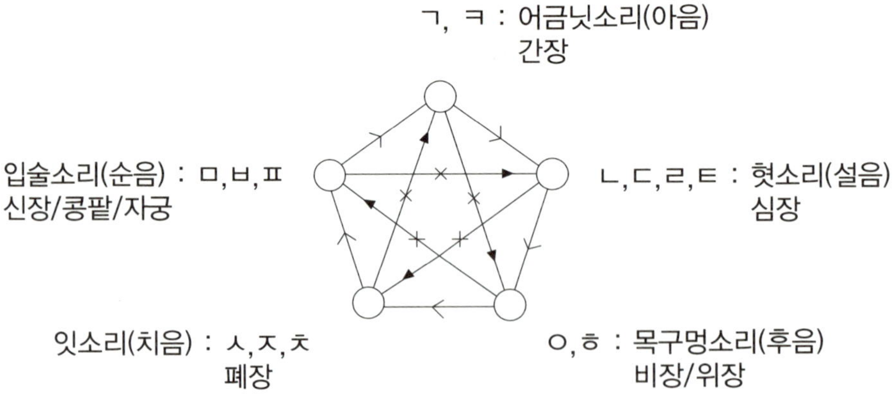

2) 한글음파이름학 구성의 성질

한글음파이름은 십진법에 의해 숫자로 1, 2, 3, 4, 5, 6, 7, 8, 9, 0으로 표시하며 이를 음파수라 한다.

음파수는 ㄱ, ㅋ인 어금닛소리, ㄴ, ㄷ, ㄹ, ㅌ 인 혓소리, ㅇ, ㅎ인 목구멍소리, ㅅ, ㅈ, ㅊ인 잇소리, ㅁ, ㅂ, ㅍ인 입술소리에서 나오는 에너지가 인간의 출생 연도의 에너지에 따라 변하는 것이다. 이 음파수는 인간관계와 특성을 나타내는 것으로 한글음파이름학에서 음파수가 나타내는 기능과 내용은【도표8】【도표9】와 같다.

【도표8】

음파수와 인간관계

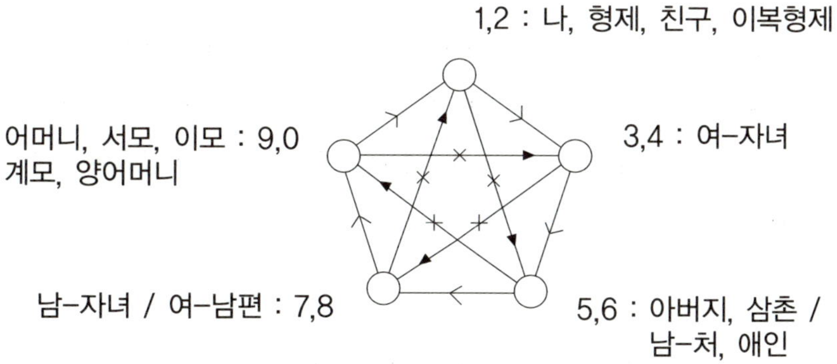

【도표9】

음파수와 특성

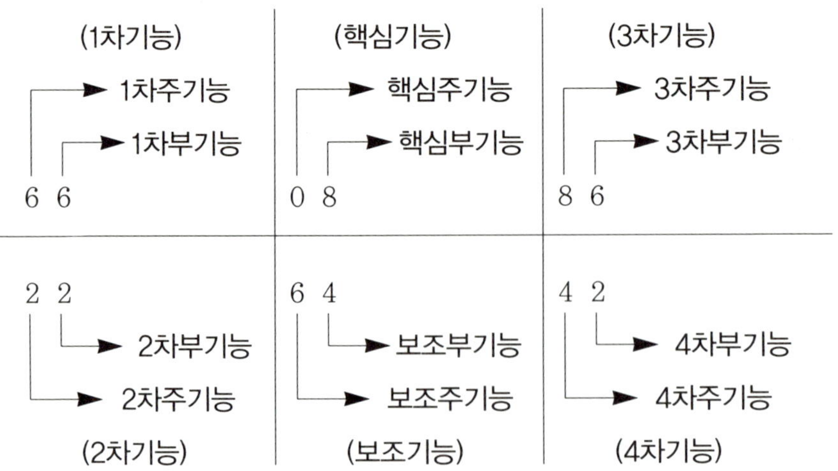

3) 한글음파이름학의 기능

【도표10】

90

(1) 핵심기능 : 주기능 중 이름의 첫글자를 말한다.

(2) 핵심주기능 : 주기능 중 이름의 첫글자 첫발음을 말한다.

(3) 핵심부기능 : 주기능 중 이름의 첫글자 받침발음을 말한다.

(4) 1차기능 : 주기능 중 성의 첫글자를 말한다.

(5) 1차주기능 : 주기능 중 성의 첫글자 첫발음을 말한다.

(6) 1차부기능 : 주기능 중 성의 첫글자 받침발음을 말한다.

(7) 3차기능 : 주기능 중 이름의 두 번째 글자를 말한다.

(8) 3차주기능 : 주기능 중 이름의 두 번째 글자의 첫발음을 말한다.

(9) 3차부기능 : 주기능 중 이름의 두 번째 글자의 받침 발음을 말한다.

(10) 보조기능 : 부기능 중 이름의 첫글자를 말한다.

(11) 보조주기능 : 부기능 중 이름의 첫글자 첫발음을 말한다.

(12) 보조부기능 : 부기능 중 이름의 첫글자 받침발음을 말한다.

(13) 2차기능 : 부기능 중 성의 첫글자를 말한다.

(14) 2차주기능 : 부기능 중 성의 첫글자 첫발음을 말한다.

(15) 2차부기능 : 부기능 중 성의 첫글자 받침발음을 말한다.

(16) 4차기능 : 부기능 중 이름의 두 번째 글자를 말한다.

(17) 4차주기능 : 부기능 중 이름의 두 번째 글자의 첫발음을 말한다.

(18) 4차부기능 : 부기능 중 이름의 두 번째 글자의 받침발음을 말한다.

4) 한글음파이름학 기능의 종합구성표

【도표11】

이름 / 좌우기능(가로기능) / 상하기능(세로기능)	성 — 선기능		이름 — 본기능(자기기능)	이름 — 후기능		
글자 순서	첫글자	둘째글자	첫글자	둘째글자(끝글자)	셋째글자(끝글자)	넷째글자(끝글자)
주기능	1차기능 (본글자·받침)	5차기능 (본글자·받침)	핵심기능 (본글자·받침)	3차기능 (본글자·받침)	7차기능 (본글자·받침)	9차기능 (본글자·받침)
부기능	2차기능 (본글자·받침)	6차기능 (본글자·받침)	보조기능 (본글자·받침)	4차기능 (본글자·받침)	8차기능 (본글자·받침)	10차기능 (본글자·받침)
주기능 음파수	1차기능 음파수	5차기능 음파수	핵심기능 음파수	3차기능 음파수	7차기능 음파수	9차기능 음파수
부기능 음파수	2차기능 음파수	6차기능 음파수	보조기능 음파수	4차기능 음파수	8차기능 음파수	10차기능 음파수
이 름 실 예	선	우	용	녀	해	자
	홍		길	동		
	독	고	성			
	이		준			
	선	우	미	자		
이 름 실 예 음파수	73	5×	55	4×	6×	7×
	73	5×	55	4×	6×	7×
	66		13	35		
	66		13	35		
	31	1×	75			
	31	1×	75			
	6×		84			
	6×		84			
	73	5×	0×	7×		
	73	5×	0×	7×		

제3장 한글음파이름의 신비

1. 한글음파이름학의 신비

NDS운동과 한글음파이름학이란 한마디로 말하면 각자의 역기능의 이름, 즉 상극의 이름을 순기능의 이름인 상생의 이름으로 바꾸어서 좋은 음파와 우주의 좋은 에너지를 받아들여 순기능의 시대를 이루어 나가고자 하는 이론이다. 그로 인하여 좋은 일, 행복한 일들이 많이 생기고 나아가 시민화합과 국민통합을 통하여 더불어 잘 사는 사회, 아름다운 세상으로 인류의 행복을 추구하는 데 목적이 있다.

인간에게는 선천적 조건과 후천적 변화가 있다. 선천적 조건은 재래식 성명이나 사주를 말하고, 후천적 변화는 한글음파이름을 말한다. 선천적 조건은 과거를 지배하고 사후를 생각한다. 후천적 변화는 현재를 지배한다. 다시 말하면 전생이 어떻고, 타고난 운명이 어떻다고 하는 것과 죽으면 천당 간다, 극락에 간다, 어떻게 된다 하는 것은 선천적 조건이고, 현재 어떻게 사느냐 하는 현실은 후천적 변화이며 후천적 변화는 자신의 의지와 노력에 달려있으며 그 결과에 따라 미래가 결정된다.

선천적 조건은 뿌리이고, 후천적 변화는 토양이며, 정성이고 노력이다. 선천적 조건은 부모로부터 받고 태어나지만, 후천적 변화는 태어나서 자기가 선택하고 만드는 것이다. 후천적 변화를 좌우하는 것은 음파, 즉 음파에너지이다. 우주만물은 움직이면 소리가 난다. 우주와 지구는 자전과 공전을 하고 있기 때문에 가만히 있어도 움직이고 있으므로 소리가 나며 음파에너지가 발산한다. 다만 이것을 우리의 청각으로 들을 수 없고 느낄 수 없을 뿐이다.

소리, 즉 말을 함으로써 음의 파동인 음파에너지가 발산한다. 마음을 일으키고 생각을 전달하는 것을 마음의 파동인 염파라고 하며, 빛의 움직임을 빛의 파동이라고 한다. 그 외에도 전자파 등이 있으며, 모든 파동은 소리가 나는데 이 소리가 무서운 에너지를 발산하여 우주만물은 물론 인간의 행·불행과 운명을 변화시킨다는 것이다.

좋은 소리를 부르면 좋은 음파가 발산하고 좋은 일이 생기게 되며, 나쁜 소리를 부르면 나쁜 음파가 발산하고 나쁜 일이 많이 생기게 된다.

농촌진흥청 잠사곤충연구소에서 배추와 쥐, 토끼 등의 실험을 통해 성장속도와 건강상태를 알아보았다. 똑같은 조건과 똑같은 공간에 같은 품종의 상태가 같은 배추를 두고 좋은 음파를 보내면, 배추가 싱싱하게 잘 자라며, 나쁜 음파를 보내면 누렇고 시들시들하게 된다. 또한 쥐나 토끼를 똑같은 조건의 공간에 넣고 좋은 음파를 보내면 건강하게 잘 자라고, 나쁜 음파를 보내면 암이나 질병에 걸려 일찍 죽는다. 음악치료사, 미술치료사, 기훈련 등과 같은 것도 이러한 원리와 실험을 통해 알 수 있다.

아이들도 산 속에서 새소리, 물소리 등 좋은 소리를 듣고 자란 아이의 성격과 시장 통에서 시끄러운 소리를 듣고 자란 아이, 기찻길 옆에서 자란 아이가 제각기 성격이 다른 것을 알 수 있다. 시카고대학에서는 소리를 모아 대체에너지로 사용할 수 있는 실험에 성공했다고 발표하기도 했다.

이 모든 후천적인 것은 자신이 선택하는 것이다. 소리를 내는 것도, 마음과 생각을 일으켜 전달하는 것도, 빛을 보내는 것도, 내 자신이 해야만 되는 것이다. 그런데 자신의 의사와 관계없이 계속적으로 이루어지는 것이 바로 음파이름이다. 이름은 내가 선택하지만 나는 물론 남도 내 이름을 불러준다. 내 이름을 부르면 무서운 음파에너지가 발산하여 내 자신의 성격, 건강, 직업, 인간관계 등을 변화시킨다. 그래서 옛말에 '이름대로 산다', '이름값을 해라', '말이 씨가 된다' 라고 했다.

또한 소리, 즉 말은 항상 의미와 역할을 담고 다닌다. '아버지' 라고 부르면 아버지의 의미와 역할을, '교수님' 이라고 부르면 교수의 의미와 역할을 하게 된다. 이러한 이름들은 부모님이 지으나 교수, 스님, 목사, 철학관에서 지으나 모두가 제 모습대로, 자기 팔자대로 똑같이 자신의 모습대로 지어져 있기 때문에 한글음파이름학으로 보면 똑같다.

이러한 이름을 바꾸어 불러주면 제일 먼저 성격이 변하는 것을 알 수 있다. 그 뒤에 적성, 건강, 학업, 직업, 인간관계 등의 변화가 생긴다. 흔히 '학마가 끼었다, 약을 먹어도 효과가 없다, 자녀가 없다, 결혼이 안 된다, 사업만 하면 실패한다' 하는 것이 음파이름 속에 답이 있다는 것을 깨닫게 된다.

한날 한시에 태어난 박을 두 개의 바가지로 만들어서 하나는 '쌀바가지' 로 이름을 짓고, 또 하나는 '똥바가지' 라 이름을 지으면, '쌀바가지' 는 쌀통에서 쌀을 퍼는 일을 하게 되고, '똥바가지' 는 똥통에서 똥을 퍼는 일을 하게 된다.

하나님이 태초에 말씀 즉, 소리로 천지를 창조하셨으며, 아담이란 이름을 지어주었고 우주만물의 이름을 아담에게 짓게 했는데 이것이 이름의 시초이며, 우리가 지어 부르고 있는 모든 이름은 아담이 지어준 이름이다. 하나님께서 아브람을 '아브라함' 으로, 야곱을 '이스라엘' 로 개명해 주셨고 성령을 주실 때 영세명을 주셨다. 불교에서는 법명을, 임금은 시호를, 일반인들은 아호, 예명, 필명, 택호 등을 지어 부르게 되는데 이것이 개명의 시초이다.

이름의 중요성은 세계 최고의 베스트셀러인 성경에도 잘 나타나 있다. '좋은 이름이 많은 재산보다 낫다(전도서 7장 1절).' '또 너희의 끼친 이름은 나의 택한 자의 저줏거리가 될 것이니라(이사야 65장 15절).' '내가 내 집에서 자녀보다 나은 기념물과 이름을 주며 영영한 이름을 주어 끊지 않게 할 것이며(이사야 56장 5절)' 라고 밝혔다.

이름을 자신에게 잘 맞는 좋은 음파로 개명하여 불러주면 먼저 성격이 변하고 운명이 바뀌는 것을 느낄 수 있다. 좋은 음파의 이름을 계속해서 불러주면 좋은 음파에너지가 발산하고 무서운 힘을 발휘하여 엄청난 변화를 느낄 수 있다. 이것을 일본의 오무라 박사가 연구발표한 오링테스트로 실험해보면 즉시 느낄 수가 있다.

또한 음파수를 통해 자신의 이름을 보면 역기능의 이름 및 순기능의 이름이라는 것을 알게 되고 음파수에 있는 우주에너지의 암호를 해석해보면 그 사람에 관한 모든 답이 이름의 음파 속에 있음을 깨닫게 된다.

2. 음파이름의 중요성

인간에게는 선천적 조건과 후천적 변화가 있다. 선천적 조건은 인간이 태어나면서 가지고 나오는 숙명이라 한다. 이를 사주팔자라고 하고 이를

100% 믿으며 이를 주장하는 사람을 선천론자라고 하며 대표적인 사람은 역술인이다.

후천적 변화는 인간이 태어나서 교육과 환경에 따라 만들어지는 운명을 말하며 이를 과학이라 하고 이는 의지와 노력에 의해 결정되며 이를 100% 믿으며 이를 주장하는 사람을 후천론자라고 하고 대표적인 사람은 과학자, 교육학자, 환경론자들이다.

선천론자는 후천론을 믿지 않고 인간의 운명은 태어나면서 정해져 있고 운명대로 살아간다고 믿고 있다. 그러나 후천론자들은 선천론자들의 주장을 미신이라 하고 교육과 환경에 의해 운명이 결정된다고 믿으며 자신의 운명은 자신의 의지와 노력에 달려 있다고 믿고 있다.

그러나 한글음파이름이론은 인간의 운명은 선천적 조건 50%와 후천적 변화 50%가 서로 공존한다고 생각한다. 인간이 태어나면서 좋은 부모 밑에 좋은 환경에서 태어난 사람은 그만큼 성공과 행복할 수 있는 여건이 갖추어져 있다고 본다. 그러므로 선천적 조건을 무시할 수 없다. 또한 아무리 좋은 부모 밑에 좋은 여건을 갖추고 태어났다고 하더라도 자기의 의지가 약하고 노력하지 않는다면 물거품이 되고 만다. 그러므로 자신의 의지와 노력이 더 중요하다고 주장하는 후천론자의 생각도 타당하다. 그러므로 선천적 조건과 후천적 변화가 모두 중요하다. 그러나 선천적 조건은 자신과 관계없이 이미 정해져 있기 때문에 어쩔 수 없는 불변의 운명이지만 후천적 변화는 자신이나 타인에 의해 선택되며 교육을 통하여, 환경에 따라 자신의 의지와 노력으로 변화시킬 수 있다. 진정한 행복과 참다운 삶은 자신의 의지와 노력에 달려 있다. 즉 후천적 변화에 있다.

그러나 이 의지와 노력은 환경의 변화와 시련, 고통과 남·여의 성별, 직업, 연령에 따라 더 강해질 수도 있고 좌절될 수도 있다. 보통 남자보다 여자가 의지가 약하고 젊은 나이보다 나이가 들면서 의지가 꺾이게 되며, 실패와 좌절로 인해 의지가 약해지기도 한다. 일반인은 전문직을 가진 사람보다 의지가 약할 수가 있다.

우주만물은 자신의 의지와 노력에 의해 변화되고 이루어지지만 유독 이름만은 내가 한 번 선택하면 내 이름이지만 나의 의지와 의사와는 전혀 관계없이 다른 사람에 의해 내 이름이 불려지게 되고 내 이름을 부르면 음파가 움직인다. 음파이름은 성격을 변화시키고 그 의지를 바꾸어 놓는다. 음파이름의 조그마한 변화가 전체를 바꿀 수 있고 운명을 바꿀 수 있다.

현대사회는 민주주의와 자본주의 사회이며 자본주의 사회는 시장경제원리가 적용되는 사회이고 민주주의는 여론과 민의와 다수결에 의해 결정되므로 현대사회는 한마디로 경쟁의 시대이다.

서울대학교에 500명을 뽑는다고 할 때 501등은 떨어진다. 500등과 501등은 1등 차이지만 합격과 불합격으로 나누어지고 그 결과는 엄청난 차이가 난다. 그러나 오히려 501등이 500등보다 실력이 더 나을지도 모르지만 현실은 불합격이라는 결과로 인하여 운명은 엄청나게 달라지는 것이다. 민주주의는 선거에 의해 모든 것이 결정된다. 선거에도 1등과 2등의 차이는 근소한 차이지만 당선과 낙선으로 그 결과는 엄청난 차이이다.

경쟁의 시대에 있어서는 아무리 능력과 실력이 있다 해도 자기보다 더 능력있는 사람이 나타나면 떨어지고 실패하기 마련이다. 그리고 민주주의 시대는 다수의 힘이 지배한다. 49%와 51%의 차이는 2%의 근소한 차이이지만 그 결과는 엄청난 것이다. 조금만 도와주고 약간의 힘만 보태주고, 때만 잘 만나면 얼마든지 역전할 수 있다. 부족한 의지와 능력과 노력을 조금만 도와주면 성공할 수 있고 행복해질 수 있다는 것이다.

이처럼 자기의 부족한 점을 한글음파이름은 자신의 의지와 노력에 관계없이 자신에게 좋은 에너지를 발산하여 도와주므로 경쟁에서 승리할 수 있고 새로운 운명으로 바꿀 수 있다는 것이다.

인생이란 1분만 늦게 가면 교통사고를 막을 수 있고 1초만 빨리 가면 총알을 피할 수 있다. 이 짧은 시간과 순간이 생명과 운명을 바꾸어 놓을 수 있다. 한 번 내뱉은 소리는 없어지지 않는다. 소리는 썩지 않는 물질이다. 한 번 이름을 부르면 이 우주공간에서 영원히 존재하며 무서운 에너지를 발산한다. 그러므로 나쁜 음파이름을 좋은 음파이름으로 바꾸어주는 데 의미가 있는 것이 아니라 바꾸어서 꼭 불러주어야 한다. 나쁜 음파는 좋은 음파보다 더 큰 파괴력과 영향을 미치므로 나쁜 음파를 한 번 불렀으면 좋은 음파는 10배, 100배 더 불러주어야 에너지와 힘을 발휘하게 된다. 그러므로 지금까지 불렀던 것보다 더 많이 불러주어야 한다. 50살 된 사람은 50년 이상 10배, 100배 불러주어야 음파에너지가 작용하는 것이다.

소리는 물질이고 양이므로 녹음기라는 과학적 방법을 이용해야 한다. 바꾼 이름을 녹음해서 계속 틀어놓으면 된다. 여자 30살 기준으로 녹음기 한 대를 7개월 이상 틀어놓으면 지금까지 불렀던 음파이름의 양보다 10배 이상 더 부르게 된 셈이고 녹음기 두 대, 세 대를 녹음하여 틀어놓으면 더 빠른 효과를 볼 수 있다. 단, 바꾼 음파이름을 본인이 알아야 한다. 이는 우리가 TV를 보고 싶으면 우리집 TV를 틀어야 볼 수 있고 MBC가 보고 싶으면 MBC에 주파수를 맞추고 KBS가 보고 싶으면 KBS에 주파수를 맞추는 것과 같다.

또한 녹음소리는 여러 대를 한 곳에 틀어놓으면 혼음이 되므로 다른 곳에 두는 것이 좋다. 소리는 아주 작은 소리로 틀어놓고 본인이 직접 듣지 않아도 음파에너지를 발산한다. 이는 마치 미국에서 하는 소리를 전화로 들을 수 있고 빛의 파장과 소리의 파장이 접목되어 영상이 되어 TV를 통하여 세계 여러 곳의 모습과 소리를 볼 수 있고, 들을 수 있는 것과 같다. 다만 먼 곳의 소리는 우리의 청각으로 들리지 않을 뿐이다.

더 빠른 효과를 보기 위해서는 마음의 음파, 즉 염파를 보내는 것이 중요하다. 우주만물이 움직이면 음파가 발산한다. 우주만물 자체가 진동하므로 마음, 빛, 전자파, 기, 등 모든 것이 움직이며 소리가 나고 소리가 나면 음파에너지가 발산한다. 음파에는 마음의 파동인 염파와 소리의 파동인 음파가 있다. 이 두 파동이 함께 공존하면 더 큰 힘을 발휘한다.

음파는 물질이므로 일정한 양으로 불러주어야 하지만 염파는 믿는 순간에 바로 효과가 나타나는 경우가 있다. 믿음으로써 자신 속에 있는 잠재된 무한한 힘이 솟아나는 것이다. 우리는 체험을 통하여 한글음파이름의 신비를 알 수 있다.

3. 성경과 한글음파이름학

1) 성경과 말씀 (소리와 생명)

(1) 요한복음 1장 1절 – 4절, 6절, 12절 / 말씀이 육신이 되시다.

 – 태초에 말씀이 계시니라. 이 말씀이 하나님과 함께 계셨으니 이 말씀이 곧 하나님이시니라. 그가(말씀 즉 소리) 태초에 하나님과 함께 계셨고, 만물이 그로 말미암아 지은 바 되었으니 지은 것이 하나도 그가(말씀 즉 지혜의 소리) 없이는 된 것이 없느니라. 그 안에(지혜의 소리인 말씀) 생명이 있었으니 이 생명은 사람들의 빛이라. 하나님께로부터 보내심을 받은 사람이 있으니 그의 이름은 요한이라. 영접하는 자 곧 그 이름을 믿는 자에게는 하나님의 자녀가 되는 권세를 주셨으니…….

소리 즉 말씀이 곧 하나님이요 이것이 빛이며 생명이다. 즉 소리(말씀)와 생명의 빛은 하나이며 곧 하나님이라는 결론이다.

(2) 요한1서 3장 23절

 – 그의 계명은 이것이니 곧 아들 예수그리스도의 이름을 믿고 그가 우리에게 주신 계명대로 서로 사랑할 것이니라.

이름을 믿는다는 것은 그가 가진 인격과 능력과 그 자체, 즉 그의 염파와 음파를 믿는 것이다.

2) 성경에 나타나는 이름

- (1장 1절)태초에 하나님이 천지를 창조하시니라.
- (1장 3절)하나님이 이르시되 빛이 있으라 하시니 빛이 있었고,
- (2장 19절)여호와 하나님이 흙으로 각종 들짐승과 공중의 새를 지으시고 아담이 무엇이라고 부르나 보시려고 그것들을 그에게로 이끌어 가시니, 각 생물을 부르는 것이 곧 그 이름이 되었더라.
- (2장 20절)아담이 모든 가축과 공중의 새와 들의 모든 짐승에게 이름을 주리라. 아담이 돕는 배필이 없으므로…….
- (2장 23절)아담이 이르되 이는 내 뼈 중의 뼈요, 살 중의 살이라. 이것을 남자에게서 취하였은 즉 여자라 부르리라 하니라.
- (3장 20절)아담이 그 아내의 이름을 하와라 불렀으니 그는 모든 산 자의 어머니가 됨이더라.
- (4장 25절)아담이 다시 자기 아내와 동침하매 그가 아들을 낳아 그의 이름을 셋이라 하였으니 이는 아벨 대신에 다른 씨를 주셨다 함이며,
- (4장 26절)셋도 아들을 낳고 그의 이름을 에노스라 하였으매 그때에 사람들이 비로소 여호와의 이름을 불렀더라.
- (5장 2절)남자와 여자를 창조하셨고 그들이 창조되던 날에 하나님이 그들에게 복을 주시고 그들의 이름을 사람이라 일컬으셨더라.
- (5장 3절)아담은 130세에 자기의 모양 곧 자기의 형상과 같은 아들을 낳아 이름을 셋이라 하였고, 아담은 셋을 낳은 후 800년을 지내매 자

녀들을 낳았으며 그러고 930세를 살고 죽더라.

- (5장 29절)이름을 노아라 하여 이르되 여호와께서 땅을 저주하시므로 수고롭게 일하는 우리를 이 아들이 안위하리라 하였더라.

- (32장 29절)야곱이 청하여 이르되 당신의 이름을 알려주소서. 그 사람이 이르되 어찌하여 내 이름을 묻느냐 하고 거기서 야곱에게 축복하니라.

- (32장 30절)그러므로 야곱이 그곳 이름을 브리엘이라 하였으니 그가 이르기를 내가 하나님과 대면하여 보았으나 내 생명이 보전되었다 함이더라.

(2) 마태복음 6장 9절

- 그러므로 너희는 이렇게 기도하라 하늘에 계신 우리 아버지여 이름이 거룩히 여김을 받사오며…….

(3) 전도서 7장 1절

- 좋은 이름이 좋은 기름(재산)보다 낫고…….

(4) 이사야 56장 5절, 6절

- 내가 내 집에서 내 성 안에서 아들이나 딸보다 나은 기념물과 이름을 그들에게 주며 영원한 이름을 주어 끊어지지 아니하게 할 것이며…….

- 또 여호와와 연합하여 그를 섬기며 여호와의 이름을 사랑하며…….

3) 성경에 나타난 개명

(1) 창세기 17장 5절 (개명의 시초)

- 이제 후로는 네 이름을 아브람이라 하지 아니하고 아브라함이라 하리니 이는 내가 너를 여러 민족의 아버지가 되게 함이니라.

(2) 창세기 17장 15절, 16절

- 하나님이 또 아브라함에게 이르시되 네 아내 사래는 이름을 사래라 하지 말고 사라라 하라. 내가 그에게 복을 주어 그가 네게 아들을 낳아주게 하여 그를 여러 민족의 어머니가 되게 하리니 민족의 여러 왕이 그에게 나리라.

(3) 창세기 32장 28절

- 그가 이르되 네 이름을 다시는 야곱이라 부를 것이 아니요, 이스라엘이라 부를 것이니 이는 네가 하나님과 사람들과 겨루어 이겼음이니라.

(4) 창세기 41장 45절

- 그가 요셉의 이름을 사브낫바네아라 하고 또 온의 제사장 보의베라의 딸 아스낫을 그에게 주어 아내로 삼게 하리라. 요셉이 나가 애굽 온 땅을 순찰하니라.

(5) 이사야 65장 15절

– 또 너희가 남겨놓은 이름은 내가 택한 자의 저줏거리가 될 것이니라.
주 여호와 내가 너를 죽이고 내 종들은 다른 이름으로 부르리라.

※ 잘못 지어진 이름은 저주받을 것이라고 하였다.

(6) 성경에 나타난 개명

① 기드온을 '여룹바알' 로 (사사기 6장 32절)

② 솔로몬을 '여디디야' 로 (사무엘하 12장 25절)

③ 다니엘을 '벨드사살' 로 (다니엘 1장 7절)

④ 하나냐를 '사드락' 으로 (다니엘 1장 7절)

⑤ 미사엘을 '메삭' 으로 (다니엘 1장 7절)

⑥ 아사랴를 '아벳느고' 로 (다니엘 1장 7절)

⑦ '바울' 이라고 하는 사울이 (사도행전 13장 9절)

제4장 한글음파이름을 측정하는 과학적 방법

한글음파이름을 측정하는 과학적 방법

사람들은 철학적 사고와 과학적 사고를 가지고 있으며 현대를 살아가는 현대인은 일반적으로 합리적이고 논리적인 과학적 사고를 선호하며 이를 믿고 신뢰하며 판단하고 결정한다.

한글음파이름을 측정하는 과학적인 방법은 여러 가지가 있지만, 첫째 물의 결정사진을 촬영하는 방법, 둘째 오링테스트를 이용하는 방법, 셋째 엘로드를 이용하여 측정하는 방법, 넷째 팬드럼을 이용하여 측정하는 방법, 다섯째 음파이름에서 나오는 빛깔을 촬영하는 방법, 여섯 번째 음파이름을 불러서 나타나는 감성지수를 측정하는 방법 등이 자주 사용된다.

이러한 방법 중 첫째 방법은 물의 결정체를 촬영할 수 있는 기술과 장비가 있어야 한다. 둘째에서 넷째 방법은 누구나 손쉽게 할 수 있으나 다섯째 방법은 소리의 빛깔을 촬영할 수 있는 능력과 장비가 있어야 하며, 오랫동안 기수련을 한 사람만이 오라의 모습을 직접 보고 체험할 수 있다. 여섯째 방법은 S대학교 연구팀이 음파이름을 부르면 감성지수가 나타나는 기계를 만들어 실험 중에 있다고 한다. 일곱째 방법은 음파측정기 사용법을 알아야 한다. 이외에도 많은 과학자들이 음파에 관한 연구를 계속하고 있다.

1. 물의 결정사진을 촬영하는 방법

물은 우주만물의 기운을 가장 빠르게 흡수하고 잘 나타낸다. 그러므로 물은 한글음파이름을 가장 빠르고 쉽게 흡수하고 발산한다. 물에 음파이름을 불러서 그 물을 얼게 하여 사진을 찍으면 물의 결정사진이 여러 가지 형태로 나타나게 된다.

좋은 이름, 좋은 소리, 좋은 음파를 부르게 되면 좋은 에너지가 발산하여 물의 결정체가 인체에 유익한 육각형 결정을 나타내면서 그 중에서도 더욱 아름답고 좋은 결정체인 눈꽃모양의 육각형 결정을 나타내며 나쁜 이름, 나쁜 소리, 나쁜 음파를 부르게 되면 나쁜 에너지가 발산하여 물의 결정체가 흉하고 추하며 나쁘게 나타난다.

즉 '사랑', '감사', '천사', '감사합니다', '아름답습니다' 또는 긍정적인 표현이나 음파를 보내면 사진에서 물의 결정체가 육각형으로 뚜렷하고 깨끗하며 선명한 색깔과 형태로 나타난다. 그리고 '저주', '악마', '나쁜놈', '싫습니다', '미워요', '더럽습니다' 또는 부정적인 표현이나 음파를 보내면 사진에서 물의 결정체가 찌그러지고 불투명하고 흐리며 흉하고 추한 모습과 색깔로 나타난다.

이와 같이 물의 여러 가지 결정사진을 통하여 우리는 의식이나 말, 음파 등의 에너지가 얼마나 큰 영향력을 미친다는 것을 눈으로 직접 확인할 수가 있다.

우주만물의 모든 존재는 진동이고, 현재에도 진동하고 있으므로 제각기 고유한 음파수를 발산하고 독특한 음파를 가지며 소리가 있다. 물은 음파이름을 흡수하여 에너지를 만든다. 그러므로 이러한 모든 음파이름을 물을 통하여 사진으로 촬영하여 형상화시킨 것을 눈으로 확인함으로써 소리음파가 우리 인체에 미치는 영향이 얼마나 엄청난지 실감할 수 있다.

2. 오링테스트를 이용한 측정방법

오링테스트는 일본의 오무라 박사가 연구 발표한 이론으로 사람의 체질 감정법에 많이 사용하고 있다. 오링테스트를 통하여 자기에게 맞는 이름과 맞지 않는 이름을 구별할 수 있고 자기와 맞는 사람과 맞지 않는 사람을 구별할 수 있다.

자기에게 맞는 좋은 이름과 좋은 음파는 좋은 에너지를 발산하여 좋은 일이 많이 발생하게 하고, 나쁜 이름과 나쁜 음파는 나쁜 에너지를 발산하여 나쁜 일이 많이 생기게 한다.

먼저 오른손으로 엄지와 첫째 손가락을 둥글게 붙여 오링자세를 하게 하고 자기에게 맞지 않는 음파이름을 다섯 번 부르게 한 다음, 오링을 떼면 손 힘이 빠져 쉽게 떨어지게 된다. 그러나 좋은 음파이름을 다섯 번 부르게 하고 오링을 떼면 손에 힘이 들어가 쉽게 떨어지지 않는다. 다시 말하면 오링테스트의 결과 역기능의 음파이름을 부르면 쉽게 떨어지고 순기능의 음파이름을 부르면 힘이 들어가 쉽게 떨어지지 않으므로 역기능음파이름과 순기능음파이름, 즉 좋은 음파이름과 나쁜 음파이름의 차이가 난다는 것을 알게 된다. 이뿐만 아니라 자기와 역기능하는 사람, 맞지 않는 사람, 해를 주는 사람의 음파이름을 부르면 힘이 빠지고 맞는 사람, 이익을 주는 사람의 음파이름을 부르면 힘이 들어가고 오링이 쉽게 풀어지지 않는다.

3. 엘로드를 이용하여 측정하는 방법

엘로드는 수맥탐사용으로 많이 사용한다. 수맥이 흐르는 곳에는 엘로드가 십자로 교차되고 움직인다. 바른 자세로 엘로드를 들고 나쁜 음파이름을 부르게 되면 십자형태로 움직인다. 역기능이 많은 이름일수록 나쁜 음파에너지가 발산하고 엘로드는 빠르게 움직이며, 순기능의 음파이름은 좋은 음파에너지를 발산하여 엘로드는 평행선을 유지한다.

또한 엘로드를 양손으로 잡고 마음으로 엘로드에 명령한다. 다시 말하면 음파이름이 나쁘면 엘로드가 십자형태로 되라고 명령하고 음파이름을 계속하여 부른다. (예를 들면, 홍길동, 홍길동, 홍길동……) 이렇게 불러서 이 이름이 자기에게 좋은 음파이름이면 엘로드가 십일자의 형태를 유지하고 이 이름이 자기에게 나쁜 음파이름이면 엘로드가 십자로 움직이게 되는 것이다. 또한 엘로드에게 음파이름이 좋으면 십자형태로 되라고 명령하고 음파이름을 계속하여 부른다. (예를 들면 이순신, 이순신, 이순신……) 이렇게 불러서 이 이름이 자기에게 좋은 음파이름이면 엘로드가 십자형태로 되고 이 이름이 자기에게 나쁜 음파이름이면 엘로드가 십일자 형태를 유지하게 된다. 이러한 실험을 할 때 두 개 이상의 음파이름을 불러서 비교해 볼 수도 있다. 엘로드가 움직이는 속도로도 측정할 수 있다.

4. 팬드럼을 이용하여 측정하는 방법

팬드럼은 잊어버린 물건을 찾고 병점을 찾아내는 데도 쓰인다. 바른 자세로 팬드럼을 들고 나쁜 이름, 나쁜 음파를 부르면 부를수록 팬드럼이 큰 원을 그리며 돌게 된다. 좋은 이름, 좋은 음파를 보내면 안정된 상태에서 원점을 중심으로 제자리에 머물게 된다. 또 다른 방법은 팬드럼을 들고 좋은 음파이름일 때 원을 크게 그리라고 명령한 뒤 음파이름을 불렀을 때 원을 크게 그리면 크게 그릴수록 그 이름은 좋은 음파이름이다. 또한 나쁜 음파이름일 때 원을 크게 그리라고 명령한 뒤 음파이름을 불렀을 때 원을 크게 그리면 크게 그릴수록 그 이름은 나쁜 음파이름이다.

그리고 좋은 음파이름과 나쁜 음파이름 중에 하나를 명령하고 두 개 이상 음파이름을 불러서 팬드럼이 원을 그리는 속도와 크기에 따라 비교하여 좋은 음파이름, 나쁜 음파이름을 구별할 수 있다. 나아가서 같은 방법으로 자기와 맞는 사람, 맞지 않는 사람도 비교하여 음파이름을 불러봄으로써 자기와 맞는 사람과 맞지 않는 사람을 구별할 수 있다. 팬드럼이 그리는 원의 크기와 속도에 따라 좋고, 나쁜 것을 측정할 수 있다.

5. 음파이름의 빛깔을 촬영하는 방법

모든 '기'에는 오라가 있듯이 모든 음파에는 빛깔이 있다. 좋은 이름, 좋은 음파는 선명하고 깨끗하며 좋은 빛깔이 나타나고, 나쁜 이름, 나쁜 음파는 불투명하고 더러운 나쁜 빛깔이 나타난다. 좋고 나쁜 빛깔이 인체에 미치는 영향은 대단히 크다. 이러한 빛깔을 특수촬영기로 촬영하여 그 빛깔의 형태를 보면 알 수 있다.

음파이름을 불러서 사진을 찍는다는 것은 매우 어려운 일이다. 앞에서 말하였지만 물은 소리를 가장 잘 흡수하므로 물을 통해 특수촬영을 할 수 있는데 인체는 물이 흡수한 소리를 다시 흡수하여 오라와 같은 빛깔을 나타낸다. 좋은 음파이름과 나쁜 음파이름을 많이 부르면 그 음파가 흡수되어 에너지를 발산하면서 나타나는 빛깔을 특수촬영할 수 있다. 좋은 음파이름은 맑고 선명하면서 깨끗한 빛깔이 나타나고, 나쁜 음파이름은 탁하고 어두우며 더러운 빛깔이 나타난다. '기'를 수련한 사람은 특수촬영을 하지 않고도 눈으로 직접 볼 수 있다고 한다.

6. 인체에 나타나는 감성지수 측정방법

　서울 S대학교 모 교수는 부르는 소리가 인체에 미치는 영향을 감성지수로 나타내는 기계를 발명하여 실험 중에 있다. 좋은 음파이름을 부르면 감성지수가 높아지고, 나쁜 음파이름을 부르게 되면 감성지수가 떨어지게 되어 부르는 이름이나, 부르는 소리, 부르는 음파에 따라 감성지수의 변화를 파악하여 그 결과를 진단할 수 있다고 한다.

　예를 들면 '한효섭, 한효섭, 한효섭' 하고 계속 부르게 되면 음파에너지가 발산하여 감성지수가 나타난다. 감성지수가 높고 낮음에 따라 좋은 음파이름과 나쁜 음파이름, 보통 음파이름이 판별된다.

　앞으로 감성지수를 나타내는 기계가 발명돼 실용화되었을 때 이름을 부르면 감성지수가 나타나 자신의 감성지수를 측정하게 되고 자기가 원하는 감성지수에 맞는 이름을 지어 부를 수 있다.

7. 에모토 마사루의 음파측정기

에모토 마사루는 일본에서 처음으로 음파측정기를 소개했다. 음파측정기란 물질이 가지고 있는 고유한 진동을 측정하고 물 등에 전사하는 기계이다. 에모토 마사루는 음파측정기를 활용하여 많은 사람들의 음파를 측정해 보았다. 그에 따르면 인간의 부정적인 감정의 음파가 각기 다양한 원소가 가지고 있는 음파에 대응한다는 것을 알 수 있다. 초조한 감정은 수은과 같은 음파를 보이고, 분노는 납, 슬픔과 연민은 알루미늄과 같은 음파를 가지고, 불안과 걱정은 카드뮴, 망설임은 철, 인간관계의 스트레스는 아연과 같은 음파를 가진다.

또한 사람은 누구나 부정적인 감정을 가지고 태어난다. 몸과 마음을 갉아먹는 부정적인 감정에 휘말리면 참으로 고통스럽다. 이런 감정을 지우기 위해서는 음파의 법칙에 의해 좋지 못한 감정과 정반대의 음파를 내면 두 개의 음파가 합쳐지면서 나쁜 감정이 사라진다.

일본의 어느 대학 연구소가 '소리로 소리를 지우는 방법'을 만들었다. 소음에 대해 그것을 지우는 소리를 보내는 것이다. 예를 들면 전화기 주위만을 조용하게 만들기 위해서는 그 소리의 음파를 조사하여 그것을 뒤집는 음파를 가진 소리를 스피커를 통해 흘려보냄으로써 어떤 지점에서 완벽하게 소리를 지울 수 있다고 한다. 현재 자동차 엔진 소음을 줄이는 데 실제로 사용되고 있다.

인간의 감정도 마찬가지이다. 부정적인 감정과 긍정적인 감정은 정반대의 음파를 가지거나 또한 상반된 두 가지 감정이 같은 음파를 가지는 의미

는 인간은 누구든 '지킬 박사와 하이드' 처럼 두 가지 얼굴을 가지고 있다
는 것이다. 성질이 급할수록 눈물이 많고, 좋은 사람이 갑자기 범죄자가 되
는 것을 흔히 볼 수 있다. 훌륭한 인격을 갖춘 사람이나 잔인무도한 사람이
나 모두가 양면성을 가지고 있으며 부정적인 감정은 긍정적인 감정에 의해
지울 수 있다는 것이다.

　나쁜 음파, 나쁜 이름도 좋은 음파, 좋은 이름에 의해 지울 수 있고 나쁜
음파, 나쁜 이름도 좋은 음파, 좋은 이름에 의해 좋은 음파, 좋은 이름이
되어 좋은 에너지를 발산하여 좋은 일이 많이 발생할 수 있다는 것이다.

제5장 한글음파이름의 실험방법

1. 식물을 통한 실험

좋은 음파와 나쁜 음파를 실험하는 데는 식물을 통하여 좋고 나쁜 것을 구별할 수도 있다.

똑같은 공간에 똑같은 조건으로 두 장소에 식물(배추)을 두고 한곳에는 좋은 이름, 좋은 소리, 좋은 음파, 좋은 음악을 들어주고 또 다른 한곳에는 나쁜 이름, 나쁜 소리, 나쁜 음파, 나쁜 음악을 들려주면 좋은 이름, 좋은 소리를 듣고 자란 식물(배추)은 싱싱하고 잘 자라며 나쁜 이름, 나쁜 소리를 듣고 자란 식물(배추)은 시들어 말라죽는다.

꽃이나 나무를 키우는 사람들도 좋은 소리, 좋은 음악을 들려주고 '너 사랑해' 하고 좋은 말을 들려주면 꽃이 아름답게 활짝 피고 오래 피며, 나무들도 싱싱하게 자란다고 한다. 그러나 나쁜 소리, 나쁜 음악을 들려주고 '너 미워해' 하고 욕을 하면 꽃과 나무가 시들어 죽는다고 한다. 이러한 실험을 통해 식물들도 한글음파이름의 영향을 크게 받고 있다는 것을 알 수 있다.

2. 동물을 통한 실험

식물을 통하여 좋은 음파와 나쁜 음파를 구별할 수 있듯이 동물을 통해서도 좋은 음파와 나쁜 음파를 실험해 볼 수 있다.

똑같은 공간에 똑같은 조건으로 쥐나 토끼를 두 곳에서 키우는데 한곳에는 좋은 이름, 좋은 소리, 좋은 음파, 좋은 음악을 들려주고 또 다른 한곳에는 나쁜 이름, 나쁜 소리, 나쁜 음파, 나쁜 음악을 들려주면 좋은 이름과 좋은 소리, 좋은 음파를 들으면서 자라는 쥐나 토끼는 건강하게 무럭무럭 잘 자라고 나쁜 이름과 나쁜 소리, 나쁜 음파를 들으면서 자라는 쥐나 토끼는 스트레스를 많이 받아 약하고 병들어 쉽게 죽는다고 한다.

이러한 동물의 실험을 통하여 소리의 음파가 얼마나 엄청난 영향을 미치고 있는가를 알 수 있다.

3. 애완동물이름을 통한 실험

우주만물에는 이름이 있다. 사람뿐 아니라 집에서 키우는 애완동물에게도 이름이 있다. 애완동물의 이름에 따라 여러 가지 모습을 체험하게 된다. 즉 집에서 기르는 애완동물의 이름을 어떻게 지어 불러주느냐에 따라 그 애완동물의 행동과 태도가 달라지는 것을 볼 수 있다.

예를 들어 강아지의 이름을 '천사'라고 지어 부르면 천사 같은 행동을 하고 악마라고 지어 부르면 악마 같은 행동을 한다. '예삐'라는 이름을 지어 불러주면 예쁜 행동만 한다는 것을 쉽게 알 수 있다.

애완동물도 역기능으로 이름을 지어 부르면 성격이 포악하고 나쁜 행동을 많이 하고 순기능으로 이름을 지어 부르면 착하고 선한 행동을 많이 한다.

애완동물도 자기가 태어난 날과 자기에게 맞는 좋은 소리, 좋은 음파로 좋은 이름을 지어 부를 때 건강하고 예쁘게 자라며 집안이나 가족에게 복이 되고 좋은 일이 많이 생긴다.

4. 음악을 통한 실험

음악을 통한 실험은 태교음악가나 음악치료사에 의하여 많이 이용되고 있다. 식물과 동물의 실험에서도 좋은 음악과 나쁜 음악에 따라 영향이 다르게 미치고 성격이 달라진다. 클래식같이 조용한 음악을 들려주면 조용하고 차분한 성격을 가지게 되고 랩이나 록 같은 시끄러운 음악을 들려주면 활동적이고 능동적인 성격을 가지게 된다. 음악에 따라 다른 영향을 미치며 어떠한 음악을 듣고 자라느냐에 따라 성품과 직업과 성격도 달라지는 것을 알 수 있다. 클래식 중에도 외향과 내향이 있고 랩이나 록에도 외향과 내향이 있다.

즉, 음악을 통해 한글음파이름이 어떤 영향을 주고 있는가를 알 수 있다. 음악 그 자체가 진동이고 또한 음파인 것이다.

산모들이 듣는 태교음악도 좋다. 임산부가 태교음악을 들으면 태아가 좋은 반응을 보인다. 즉, 아기가 머리를 흔든다고 한다. 태아는 양수에 둘러싸여 있고 양수는 소리음파를 흡수하여 에너지를 만드는 물이 주요 성분이므로 태아는 특히 소리음파에 민감하게 반응한다고 볼 수 있다.

직접적인 소리가 엄마의 감정에 크고 작은 영향을 미치며 아기의 우주인 산모가 편안해지면 이에 아기는 더 편안한 반응을 보인다고 한다.

5. 미국 시카고대학과 캘리포니아대학 실험

지난 1997년 12월 6일 6시 SBS-TV 뉴스에서 미국 시카고대학 연구팀에 의하여 앞으로 고갈되는 에너지를 대체하기 위하여 소리를 모아서 대체에너지로 활용하는 방법을 연구하였다는 발표를 하였으며 아직까지는 경제성이 없으므로 사용할 수 없지만 머지않아 실생활에 사용할 수 있는 실용단계가 가까워지고 있다고 보도했다.

또한 1998년 3월 30일 한국일보 보도에 의하면 미국 캘리포니아대학 과학자들은 1969년 ~ 95년 사이에 의사가 발급한 3천500여명의 사망진단서를 조사한 결과 좋은 이름과 애칭을 가진 사람이 나쁜 의미의 이름을 가진 사람보다 더 오래 살았다는 연구결과를 발표하였다. 또한 파동의학이 [암을 정복한다]는 보도를 자주 접한다.

이는 음파에너지가 얼마나 무서운 힘을 발산하고 있는가를 과학적으로 입증하는 연구발표라고 하겠다.

6. 농촌진흥청잠사곤충연구소 실험

　농촌진흥청 잠사곤충연구소 이완주 박사는 식물에게 소리를 들려주는 방법으로 실험을 하였다.

　음악은 즉, 음파를 말하며 음악을 들려주는 방법, 들려주지 않는 방법으로 구분하여 식물(배추)을 실험하였다. 음악을 들은 식물(배추)과 음악을 듣지 않은 식물(배추)은 묘한 차이를 나타내고 있었다. 음악을 들려준 식물(배추)은 체내조절검사를 해보면 아주 예민하게 움직인다. 음악을 감상할 줄 안다는 것을 알 수 있다. 음악을 들은 식물(배추)은 음악을 듣지 않은 식물(배추)에 비하여 성장속도가 눈에 띄게 차이가 나고 해충에 대한 피해도 적었다.

　그 이유가 무엇인지 알아보았다. 음악이라는 음파가 식물몸을 구성하고 있는 세포를 자극하게 되어 세포벽이 울리고 세포 안에 있는 원형질의 유동, 즉 자극이 일어난다. 마치 안마를 받으면 기분이 좋은 것처럼 좋은 음악이 세포벽을 두드려주면 식물(배추)도 안마를 받는 것과 같이 세포가 자극을 받아 좋은 음악을 들려주었을 때 식물(배추)의 성장이 촉진된다는 결과를 얻을 수 있다. 음악소리 즉, 음파가 세포를 자극하고 세포들이 서로 부딪치면서 활력소가 일어난다.

　그리고 성장촉진효과를 알아보는 실험에서 음악을 들려준 식물(배추)과 음악을 들려주지 않은 식물(배추)에는 어떤 차이가 나는지 알아보았다. 어떤 성분이 얼마나 많이 분비되는지 살펴보면, 음악을 들려준 식물(배추)은 해충에게 해로운 카바와 루틴성분이 많이 검출되었다. 식물(배추)에게 음악을 들려주었을 때 농약을 뿌려준 것과 같은 효과가 나타난 것이다. 마치 사람과 같이 귀가 있는 것처럼 식물(배추)은 음악소리에 민감한 반응을 보였다. 그뿐만 아니라 다른 생명체도 좋은 음악을 들었을 때 좋은 반응을 보인다고 한다.

7. 미국 워렌 J 하이먼 논문

1989년 미국의 과학잡지 「21세기 / 21st CENTURY」에 워렌 J 하이먼
이란 사람이 발표한 논문이 있었다. 거기에는 인간을 구성하고 있는 유기
물의 주파수를 소리로 바꾸면, 거의 42옥타브가 된다는 내용이다. 그렇다
면 높은 주파수는 '바장조'의 '도'를 기준으로 할 때, 570조 헤르츠에 달하
게 된다. 1헤르츠는 1초에 한 번 진동한다는 의미이므로 1초에 570조 진동
하는 상상을 초월하는 능력을 우리 인간이 가지고 있는 셈이다.

인간은 다양한 주파수를 가지고 있고 인간의 몸은 다양한 차원의 주파수
가 자아내는 하나의 우주이며 그 자체가 대우주 교향곡을 연주하고 있다.
에모토 마사루는 음파와 주파수를 설명할 때 '도, 레, 미, 파, 솔, 라, 시,
도' 이론을 설명한다. 이 이론은 삼라만상이 가지는 주파수는 '도, 레, 미,
파, 솔, 라, 시, 도' 의 일곱 가지로 집약된다는 것이다. 우주에는 주파수가
낮은 것에서 높은 것까지 무제한 존재한다. 하지만 반드시 '도, 레, 미, 파,
솔, 라, 시, 도' 일곱 가지 음 가운데 하나이다. 이 가운데 처음의 '도' 에
비해 마지막 '도' 는 주파수가 배이다. 이 일곱 가지 음을 계속 늘어놓으면
낮은 음에서 높은 음까지 모두 표현할 수 있다. 모든 주파수를 음으로 바꾸
어 놓으면 같은 주파수는 서로 공명한다. 같은 주파수를 가진 것은 한 편이
소리를 내면 거기에 공명하여 소리를 낸다. 유유상종이란 말이 있듯이 같
은 음파를 가진 것이 서로를 끌어당겨 반응하는 것이다.

이처럼 좋은 음파는 좋은 음파끼리 공명하고 나쁜 음파는 나쁜 음파끼리
공명하며 좋은 이름은 좋은 이름끼리 공명하여 좋은 일이 생기고 나쁜 이

름은 나쁜 이름끼리 공명하여 나쁜 일이 생긴다. 인간만이 자연의 모든 현상과 공명할 수 있는 존재이며 인간은 우주의 모든 것과 대화를 나눌 수 있고 에너지를 주고 또는 에너지를 받아들일 수 있다. 어떤 음파를 세계로 내보내고 지구를 어떤 별로 만드느냐는 우리 한 사람, 한 사람에게 달려있다.

마음을 사랑과 감사로 가득 채우면 사랑과 감사와 멋진 일들이 저절로 찾아와 건강하고 행복한 삶을 살게 되고 원한이나 불만, 슬픔과 같은 음파를 발산하면 한층 더 원한을 품어야 할 상황이나 슬픔으로 가득 찬 결과를 가져오게 된다. 인간관계를 보아도 같은 음파를 가진 사람은 서로 끌어당겨 친구가 되고 전혀 다른 타입의 인간은 아무리 가까이 다가가도 서로 무관심하다.

8. 유다나무의 실험

(좋은생각 2003년 9월호)

영국 북부 도시 에든버러에서 실제로 있었던 일이라지.

그 도시 한 공원에다 사람들은 열두 그루의 나무를 심었다. 수종이 무엇이었는가는 기억나지 않는다. 공원에다 심었다니까 그늘이 좋은 느릅나무가 아니었을까 싶다. 느릅나무라고 하자.

시민들은 느릅나무 열두 그루에 이름을 붙여 주었다. 무슨 이름을 붙여 주었는가 하면 그리스도의 열두 제자 이름을 붙여 주었다. 베드로 나무, 요한 나무, 마태오 나무, 마르코 나무, 루가 나무…… 이렇게 붙였으니 유다 나무 또한 없었을 리 없다. 나무는 차별 대우를 받지 않고 무럭무럭 자라났다.

마침내 열두 그루의 나무들이 그늘을 지어 낼 수 있을 만큼 자라났다. 그냥 그늘이 아니라 돗자리 두어 장 넓이의 그늘을 지어 낼 수 있을 만큼 자라났다. 사람들은 열두 그루 느릅나무 그늘을 즐겨 찾았다. 하늘이 열두 그루 나무 가운데 어느 나무에게는 빛을 더 많이 준다거나 비를 더 많이 내려 준다는 식으로 차별 대우를 했을 턱이 없으니, 나무의 크기는 서로 비슷비슷했을 것이다.

하지만 사람은 하늘이 아니어서 한 그루 한 그루의 나무를 차별 대우했다. 그중 가장 홀대받은 나무는 '유다' 라는 이름이 붙은 나무였다. 사람들은 정 쉴 곳이 없으면 더러 찾기는 했지만 유다 나무의 그늘을 좋아하지 않앉다. 아이들 중에는 유다 나무를 걷어차면서 욕지거리를 해대는 아이들도 있었다. 믿음이 깊은 사람일수록 차별은 더 했다. 물리적으로 유다 나무를 핍박한 사람도 물론 있었다. 그러나 그 물리적인 핍박이 유다 나무에게 치명적이었던 것은 아니다. 그런데 유다 나무는 몇 해를 버티지 못하고 말라 죽었다. 이런데도 나무에 영혼이 없다고 할 것인가? 〈이윤기가 건너는 강〉

제6장 한글음파이름학 기초이론

1. 5대소리

【도표12】

5대소리		한글닿소리	영　어	일　어
어금닛소리	아 음	ㄱ, ㅋ	c,k,g	カキクケコ ガギグゲゴ
혓소리	설 음	ㄴ, ㄷ, ㄹ, ㅌ	d,t,ə,θ l,r,n	タチシテトダヂ ジデドナニヌネ ノラリルレロ
목구멍소리	후 음	ㅇ, ㅎ	e,ə,æ,ɔ,i,Λ u,j,ɛ,w,hŋ,hw,f	アイウエオハヒ フヘホヤユヨワン ン
잇소리	치 음	ㅅ, ㅈ, ㅊ	s,ʃ,ʤz,ʧ	サシスセソ ザジズゼゾ
입술소리	순 음	ㅁ, ㅂ, ㅍ	p,f,b,m,v	バビブベボ パピプペポ マミムメモ

※ 한글 홀소리(아, 이, 우, 에, 오)는 닿소리를 이어주는 역할을 한다.

2. 한글 획수

【도표13】한글학회 획수

1	ㄱ, ㄴ, ㅇ	2	ㄷ, ㅅ, ㅈ, ㅋ
3	ㄹ, ㅁ, ㅊ, ㅌ, ㅎ	4	ㅂ, ㅍ

【도표14】한글음파이름학회 획수

1	ㄱ, ㄴ, ㅇ	2	ㄷ, ㅅ, ㅋ
3	ㄹ, ㅁ, ㅈ, ㅌ, ㅎ	4	ㅂ, ㅊ, ㅍ

【도표15】(10진법)

10진법	0	1	2	3	4	5	6	7	8	9
주기능	경	신	임	계	갑	을	병	정	무	기
부기능	신	유	해	자	인	묘	사	오	진, 술	축, 미

【도표16】(12진법 → 10진법)

12진법	1	2	3	4	5	6	7	8	9	10	11	12
	자	축	인	묘	진	사	오	미	신	유	술	해
10진법	계	기	갑	을	무	병	정	기	경	신	무	임
10진법	3	9	4	5	8	6	7	9	0	1	8	2

3. 한글(영어)음파수와 획수

【도표17】

구 분	한 글			영 어								
어금닛소리 (아음)	닿소리	ㄱ	ㅋ	알파벳	C		G		K		Q	
	획수	1	2	획수	1		3		3		2	
혓소리 (설음)	닿소리	ㄴ ㄷ ㄹ ㅌ		알파벳	D		L	N		R		T
	획수	1 2 3 3		획수	2		1	3		3		2
목구멍소리 (후음)	닿소리	ㅇ	ㅎ	알파벳	A	E	H	F	I	O	U	W	Y
	획수	1	3	획수	3	3	3	4	1	1	1	2	3
잇소리 (치음)	닿소리	ㅅ ㅈ ㅊ		알파벳	C		G	J	S	X		Z
	획수	2 3 4		획수	1		3	2	1	2		1
입술소리 (순음)	닿소리	ㅁ ㅂ ㅍ		알파벳	B		F	M		P		V
	획수	3 4 4		획수	3		4	3		2		1

※ 1. 알파벳의 중복된 글자는 알파벳글자에 따라 발음이 바뀔 수 있는 글자임.

　2. 영어, 일어, 중국어 등 세계 모든 글자는 한글로 발음하여 소리나는 대로 적어서 한글음파수에 맞추어 감정, 상담, 작명하는 것이 정확도가 높다.

4. 음파수조견표

【도표18】

소리 10진법	어금닛소리 ㄱ, ㅋ	혓소리 ㄴ,ㄷ,ㄹ,ㅌ	목구멍소리 ㅇ,ㅎ	잇소리 ㅅ,ㅈ,ㅊ	입술소리 ㅁ,ㅂ,ㅍ	12진법	10진법
0	7, 8	5, 6	3, 4	1, 2	9, 0	진나비	0
1	8, 7	6, 5	4, 3	2, 1	0, 9	닭	1
2	9, 0	7, 8	5, 6	3, 4	1, 2	돼지	2
3	0, 9	8, 7	6, 5	4, 3	2, 1	쥐	3
4	1, 2	9, 0	7, 8	5, 6	3, 4	범	4
5	2, 1	0, 9	8, 7	6, 5	4, 3	토끼	5
6	3, 4	1, 2	9, 0	7, 8	5, 6	뱀	6
7	4, 3	2, 1	0, 9	8, 7	6, 5	말	7
8	5, 6	3, 4	1, 2	9, 0	7, 8	용/개	8
9	6, 5	4, 3	2, 1	0, 9	8, 7	소/양	9

※ 한글음파이름 획수가 홀수일 경우에는 앞부분의 음파수를, 짝수일 경우에는 뒷부분의 음파수이다.

5. 변화음파수조견표

【도표19】

변화소리 10진법	아음 ㄱ, ㅋ	설음 ㄴ,ㄷ,ㄹ,ㅌ	후음 ㅇ,ㅎ	치음 ㅅ,ㅈ,ㅊ	순음 ㅁ,ㅂ,ㅍ	12진법	10진법
0	5, 6	7, 8	9, 0	1, 2	3, 4	진나비	0
1	6, 5	8, 7	0, 9	2, 1	4, 3	닭	1
2	3, 4	5, 6	7, 8	9, 0	1, 2	돼지	2
3	4, 3	6, 5	8, 7	0, 9	2, 1	쥐	3
4	1, 2	3, 4	5, 6	7, 8	9, 0	범	4
5	2, 1	4, 3	6, 5	8, 7	0, 9	토끼	5
6	9, 0	1, 2	3, 4	5, 6	7, 8	뱀	6
7	0, 9	2, 1	4, 3	6, 5	8, 7	말	7
8	7, 8	9, 0	1, 2	3, 4	5, 6	용/개	8
9	8, 7	0, 9	2, 1	4, 3	6, 5	소/양	9

※ 한글음파이름 획수가 홀수일 경우에는 앞부분의 음파수, 짝수일 경우에는 뒷부분의 음파수이다.

6. 음파수 찾는 법

음파수는 10진법으로 구성되어 있다.

음파수조견표는 평생운을 보는 것이고 변화음파수조견표는 일년운, 월운, 일운 등 변화운을 보는 것이다. 평생운은 나쁘면 고쳐서 불러주면 되지만 변화운은 대안이 없으므로 보지 않는 것이 좋다. 그러나 미리 보아서 좋은음파의 아호나 예명을 지어 좋은 음파를 불러주면 변화일정에 맞추어 예방하고 준비할 수도 있다.

음파수조견표【도표18】의 세로 0, 1, 2, 3……은 10진법으로 출생연도의 끝자리를 말하고 가로 ㄱ, ㄴ, ㄷ……은 닿소리를 말하며 12진법은 자기가 태어난 띠를 말한다.

10진법은 출생연도에 의해서 분류되어 있고 12진법은 태어난 띠에 의해서 분류되어 있다. 자기가 태어난 출생연도는 입춘을 기준 (2월 4일~2월 7일)으로 양력 2월 5일 이후에 태어난 사람은 해당연도를 기준으로 하고, 2월 5일 이전에 태어난 사람은 전년도를 기준으로 한다.

먼저 '안영수'란 이름에서 음파수를 찾는다면 획수를 계산하여 홀수일 경우에는 음파수조견표【도표18】속에 앞쪽을 보고 짝수일 경우에는 뒤쪽을 본다. 상세한 것은 한글음파이름학회에 문의하시기 바란다.

【도표20】

음파수　　　　　　　　이름	안 ④	영 ⑤	수 ④
주기능음파수	57	66	3×
부기능음파수	68	55	4×

7. 음파수 보는 법

앞에서 음파수를 찾게 되면 10진법으로 찾은 음파수를 주기능이라 하여 70%를 보고 12진법으로 찾은 음파수를 부기능이라 하여 30%로 본다.

또한 성에서 찾은 음파수는 선기능이라 하여 15% 보며 이름의 끝자에서 찾은 수를 후기능이라 하여 15% 보며 이름의 가운데 글자를 본기능이라 하여 70% 본다. 그러므로 이름의 첫글자의 첫소리, 예를 들어 이름이 '김진숙'일 때 '진'자의 핵심기능이 49%를 차지하고 '진'자의 보조기능 이 21% 차지하며 이름의 가운데 첫글자 즉, '진'자의 ㅈ글자인 핵심주기능이 그 사람의 성격의 특징을 75~90% 나타내주는 것이다.

앞에서 찾은 '안영수'의 음파수에서 '안영수'의 '영'자의 음파수가 66 이므로 5, 6의 특징을 읽어보면 85% 적중하고 있음을 알 수 있다. 1977년 생 '김진숙'의 주기능음파수는 57 93 95이다. '진'자의 핵심기능음파수 인 9, 3에서 핵심주기능음파수인 9의 특성을 보게 되면 85%의 성격을 알 수 있고 서로 역기능이 많은 경우에는 나쁜 특성이 잘 맞고 서로 순기능일 경우에는 좋은 특성이 맞는 것이 많다. 그리고 음파수가 서로 순기능하느 냐, 서로 역기능하느냐를 잘 연구검토하여 설명하면 된다.

제7장   10진법과 음파수

1. 10진법과 출생연도

【도표21】

10진법	서기끝수	단기끝수	10진법	서기끝수	단기끝수
갑년	~4	~7	기년	~9	~2
을년	~5	~8	경년	~0	~3
병년	~6	~9	신년	~1	~4
정년	~7	~0	임년	~2	~5
무년	~8	~1	계년	~3	~6

1. 10진법은 입춘을 기준으로 계산한다.

2. 10진법의 숫자를 가지고는 수억, 수조, 수천조까지 기록할 수 있다.

3. 예를 들어 1986년생은 1000+900+80+6이라는 뜻이므로 6의 에너지가 되며 음파수 6의 에너지가 우주공간에서 무서운 힘을 나타내는 것이다.

4. 또한 1987년도는 1000+900+80+7이다. 그러므로 1987년은 음파수 7의 에너지가 발산하는 것이다.

2. 음파변화일

양력 2월 4일까지는 앞의 음파수 즉, 지난해의 출생 연도로 해석한다.

양력 2월 5일부터는 금년도에 해당하는 출생 연도로 해석한다.

- 음파수를 찾을 때 입춘을 기준으로 전년도와 금년도로 구분하여야 하는데 양력 2월 4일~2월 7일 사이에 입춘이 되지만 그동안 통계에 의하면 양력 2월 5일을 기준으로 구분하여 해석하면 된다.
예를 들면 1980년 2월 4일에 태어난 사람의 이름은 1979년도 음파수조견표를 찾아서 보아야 하고, 1980년 2월 5일에 태어난 사람은 1980년도를 10진법의 출생연도로 하여 각각 음파수조견표【도표 18】에 따라 음파수를 찾으면 된다.
- 그러나 정확하게 계산하려고 하면 만세력에서 입춘을 기준으로 전년도와 금년도로 구별하여 해석하면 된다.

3. 10진법과 상관관계

【도표22】

구분 \ 10진법	1	2	3	4	5	6	7	8	9	0
음, 양	양	음	양	음	양	음	양	음	양	음
홀(짝)수	홀수	짝수	홀수	짝수	홀수	짝수	홀수	짝수	홀수	짝수
+(−)	+	−	+	−	+	−	+	−	+	−
10진법	4	5	6	7	8	9	0	1	2	3
	갑	을	병	정	무	기	경	신	임	계
12진법	인	묘	자	오	진, 술	축, 미	신	유	해	자
띠	범	토끼	뱀	말	용, 개	소, 양	진나비	닭	돼지	쥐
소리분류	어금닛소리		혓소리		목구멍소리		잇소리		입술소리	
한글닿소리	ㄱ, ㅋ		ㄴ, ㄷ, ㄹ, ㅌ		ㅇ, ㅎ		ㅅ, ㅈ, ㅊ		ㅁ, ㅂ, ㅍ	
발음부호 · 영어	C,G,K,Q		D,L,N,R,T		A,E,H,F,I O,U,W,Y		C,J,S,X,Z		B,F,M,P,V	
발음부호 · 발음부호	g, k		d,t,ð, l,r,n		a, æ, e, ɛ, ə, ʌ, f, h, w, i, j, ŋ, o, u, ɔ		ʤ, ʒ, s, ʃ, ʧ, θ, z,		p,f,b,m,v	
발음부호 · 일어	カキクケコ ガギグゲゴ		タチシテトダヂ ジデドナニヌネ ノラリルレロ		アイウエオハヒ フヘホヤユヨワ ン		サシスセソ ザジズゼゾ		バビブベボ パピプペポ マミムメモ	
음 색	나무소리 (목성)		불소리(화성)		막걸리소리 (토성)		쇠소리 (철성,금성)		아름다운 소리(수성)	
오 행	목(木)		화(火)		토(土)		금(金)		수(水)	
오장	간장소리		심장소리		비장(위장) 소리		폐장소리		신장소리	

4. 10진법과 자연

【도표23】

구분 \ 10진법	1	2	3	4	5	6	7	8	9	0
방향 5기 분류	동쪽 (동기)		남쪽 (남기)		중앙 (중기)		서쪽 (서기)		북쪽 (북기)	
계 절	봄		여름		사계절		가을		겨울	
월	1, 2, (3)		4, 5, (6)		3, 6, 9, 12		7, 8, (9)		10, 11, (12)	
계절특성	생동		번성		양분		수확		저장	
오 행	목(木)		화(火)		토(土)		금(金)		수(水)	
색 깔	청 (파랑)		적 (빨강)		황 (노랑)		백 (흰)		흑 (검정)	
하 루	아침		점심		중간		저녁		밤	
특 성	인자		예의		믿음		의리		지혜	
자 연 현 상	초원, 숲, 나무		난로, 전등, 태양		정원, 농장, 산		철광, 쇠, 열매		구름, 바다, 물	
	큰나무	가지 있는 나무 (화분)	태양, 뜨거운 불	난로, 촛불, 부드러운불	큰산, 육지, 제방	정원, 논, 밭	쇠, 철광	보석, 은, 진주	염수, 큰물, 소낙비	이슬, 서리, 눈, 가랑비

5. 10진법과 신체

【도표24】

구분	10진법	1	2	3	4	5	6	7	8	9	0
오장 육부	양	간장		심장		비장		폐장		신장	
	음	쓸개(담)		작은 창자		위		큰창자 (대장)		방광	
오장 기능		담즙의 분비		피의 순환		소화 기능		호흡 기능		배설 기능	
질병	대	간염 담낭염 간경화		협심증 고혈압 저혈압		위하수 위암 피부병		천식 관절염 비후염		자궁암 신장염 방광염	
	소	정신질환 간질 야맹증		몽정 경기 야뇨증		위경련 위염 변비		폐결핵 갑상선 이질		성병 요통 자궁 내막염	
오관		눈		혀		입		코		귀	
맛		신맛		쓴맛		단맛		매운맛		짠맛	

6. 음파수와 가족관계

【도표25】 1. 남자일 경우

음 파 수	가 족 관 계	비 고
① 음파수	나, 친형제, 동서, 동창생	
② 음파수	이복형제, 자부, 사촌, 며느리	친구
③ 음파수	손자, 처가식구	
④ 음파수	손녀, 외할아버지, 장모, 외숙모, 할머니	
⑤ 음파수	아버지, 애인(남), 처남, 형수	
⑥ 음파수	아버지, 처, 처제, 형수, 제수, 고모, 백부, 이모부	
⑦ 음파수	아들, 매제	
⑧ 음파수	딸, 손자며느리, 외할머니	
⑨ 음파수	서모, 이모, 계모, 할아버지, 증손자, 외삼촌	
⓪ 음파수	어머니, 증손녀, 장인	

【도표26】 2. 여자일 경우

음 파 수	가 족 관 계	비 고
① 음파수	나, 친형제, 시아버지, 남편의 애인	
② 음파수	이복형제, 시아버지형제, 남편의 애인, 시숙, 시고모	친구
③ 음파수	딸, 외할아버지	
④ 음파수	아들, 할머니, 시누이, 남편, 외숙모	
⑤ 음파수	아버지, 시어머니	
⑥ 음파수	증손녀, 외손녀, 삼촌, 백부, 숙부	
⑦ 음파수	애인(여), 남편의 형제, 외할머니	
⑧ 음파수	남편, 자부, 증조할아버지	
⑨ 음파수	사위, 할아버지, 서모, 이모, 외삼촌	
⓪ 음파수	어머니, 손녀	

7. 가족관계 찾는 법

【도표27】

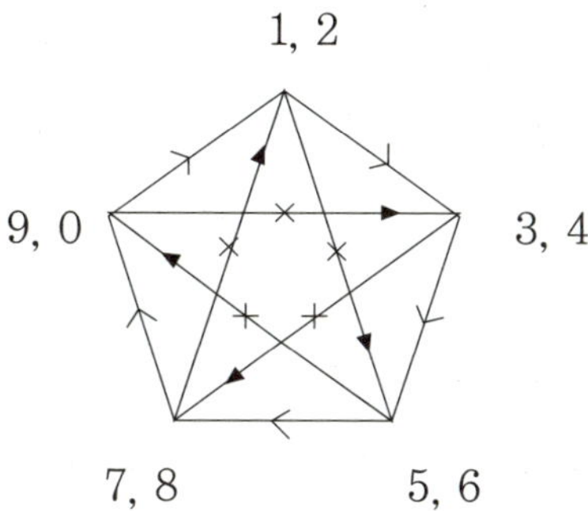

※ 오각형으로 둘러가는 선은 순기능이요 오각형을 가로지르는 선은 역
기능관계이다.

여자는 내가 낳는 것은 자녀이며, 나를 낳는 것은 어머니며, 나를 역기
능하는 것은 남편이다. 남자는 내가 역기능하는 것은 처이며 처가 낳
는 것이 자녀이며, 나를 낳은 사람은 어머니이며 어머니를 역기능하는
것이 아버지이다. (여자기준)

1. 내가 1이며 나를 낳는 것은 음파수 9, 0인데 내가 양인 음파수 1이니
까 여자인 음인 음파수 0이 나를 낳기 때문에 음파수 0이 어머니이고,
음파수 9는 어머니의 형제 즉 이모나 서모, 계모를 말한다.

2. 내가 낳는 것이 자녀이므로 음파수 3, 4이다. 음파수 1인 내가 양이니
까 반대인 음의 음파수 4가 아들이고 음파수 3이 양이니까 딸이다.

3. 나를 역기능하는 것이 남편이므로 음파수 7, 8이다. 반대되는 음인 음파수 8은 정남편이고, 양인 음파수 7은 애인이다.

4. 내가 역기능하는 것이 처이므로 처는 음파수 5, 6이다. 반대되는 음파수 6은 정부인이고, 음파수 5는 애인 혹은 둘째부인이다.

5. 처인 음파수 5, 6이 낳는 것이 자녀이므로 음파수 7, 8이 남자에게 자녀이다. 정부인 음파수 6의 반대인 음파수 7이 아들이고 음파수 8이 딸이다.

6. 할머니는 음파수 5인 아버지의 어머니이므로 음파수 4이다.
할머니를 역기능하는 것이 할아버지이므로 음파수 9이다.

7. 남자일 경우 아들이 역기능하는 것이 며느리이므로 음파수 1, 2이고, 며느리가 낳은 것이 자녀이므로 음파수 3, 4이다.
며느리의 자녀가 나의 손자이므로 손자 손녀가 음파수 3, 4이다.

8. 여자일 경우 아들이 역기능하는 것이 며느리이므로 음파수 7, 8이다. 며느리가 낳은 것이 나의 손자, 손녀이므로 음파수 9, 0이다.

9. 남자일 경우 어머니의 어머니는 음파수 7, 8이다. 그러므로 음파수 7, 8이 외할머니이다. 음파수 7, 8을 역기능하는 것이 외할아버지이므로 음파수 3, 4이다.

10. 여자일 경우는 어머니가 음파수 9, 0이므로 어머니의 어머니는 음파수 7, 8이니 음파수 7, 8이 외할머니이다.
외할머니를 역기능하는 것이 외조부이므로 음파수 3, 4가 외할아버지이다.

11. 남자일 경우 자녀 음파수 7, 8(딸)의 자녀가 음파수 9, 0이므로 외손

자, 외손녀이다.

12. 남자일 경우 아버지가 음파수 5, 6이고 아버지의 어머니가 할머니이므로 음파수 3, 4이다.

  음파수 3, 4의 남편이 할아버지이므로 음파수 9, 0이고 할아버지를 낳는 것이 증조할머니이므로 음파수 7, 8이다.

13. 여자일 경우 아버지가 음파수 5, 6이고 아버지의 어머니가 할머니이므로 음파수 3, 4이다. 결국 남자일 때와 같다.

14. 이러한 방법으로 내가 낳고 나를 낳고 역기능하고 역기능을 당하고 하면서 가족관계와 인간관계를 찾을 수 있다.

  단 여자를 먼저 찾고 남자를 찾는 점을 잊어서는 안 된다.

8. 음파수와 건강

(1) 핵심주기능음파수가 ①일 경우

① 당뇨병

② 배우자에 따라 다양한 질병이 생길 수 있다.

③ 간

(2) 핵심주기능음파수가 ②일 경우

① 피로감, 우울증

② 집에 있으면 아프고 밖에 나가면 안 아프다.

(3) 핵심주기능음파수가 ③일 경우

① 정신질환

② 우울증

③ 장기능

(4) 핵심주기능음파수가 ④일 경우

① 우울증

② 울화병

③ 신경성 위장염

④ 두통, 눈병, 간경화

⑤ 정신이상

⑥ 심장질환

⑦ 뇌졸중

⑧ 암

(5) 핵심주기능음파수가 ⑤일 경우

① 병원에 가기 싫어함

② 위장병, 신경, 알레르기성 질환

③ 간장병

④ 매사에 의욕이 없음

⑤ 건망증, 치매증세

⑥ 교통사고, 사고 위험

(6) 핵심주기능음파수가 ⑥일 경우

① 위장병

② 신경성 질환

(7) 핵심주기능음파수가 ⑦일 경우

① 심장계통(심장마비)

② 혈압

③ 당뇨

④ 중풍

⑤ 대장

(8) 핵심주기능음파수가 ⑧일 경우

　① 치질

　② 혈압

　③ 심장병

　④ 당뇨병

　⑤ 중풍

　⑥ 치아

　⑦ 건망증

(9) 핵심주기능음파수가 ⑨일 경우

　① 갑상선

　② 위장병, 식도, 폐도(사망시 굶어 죽는 사람)

　③ 정신병자, 불행, 교통사고

　④ 여자는 유산, 자궁 외 임신

　⑤ 자궁암, 유방암

　⑥ 신병

(10) 핵심주기능음파수가 ❶일 경우

　① 어려서 몸이 허약함

제8장 한글음파이름 부위별 역할

1. 신체부위표시 Ⅰ

【도표28】

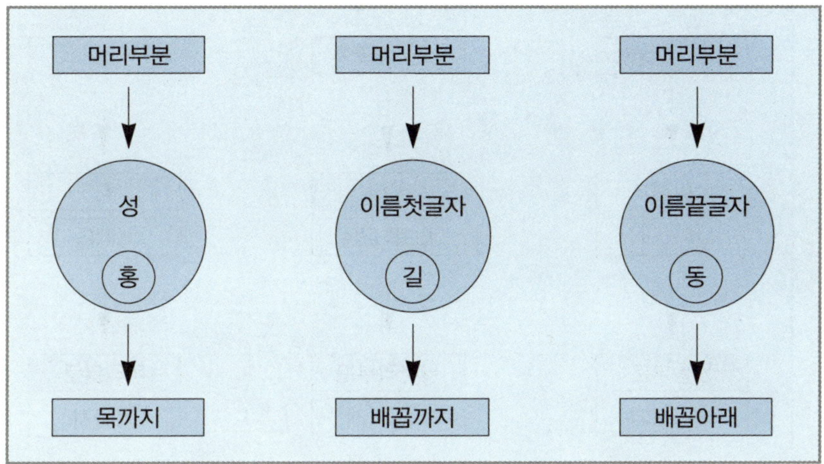

1. 순기능과 역기능의 음파수를 상세하게 분석해 보고 역기능 만남의
   음파수가 있는가를 살펴보아야 한다.
2. 이름 끝글자가 없든지 이름자가 3자 이상 될 경우나 성이 2자(황보,
   선우)가 될 경우는 신장에 따라 상세하게 세분하여 해석한다.

2. 신체부위표시 Ⅱ

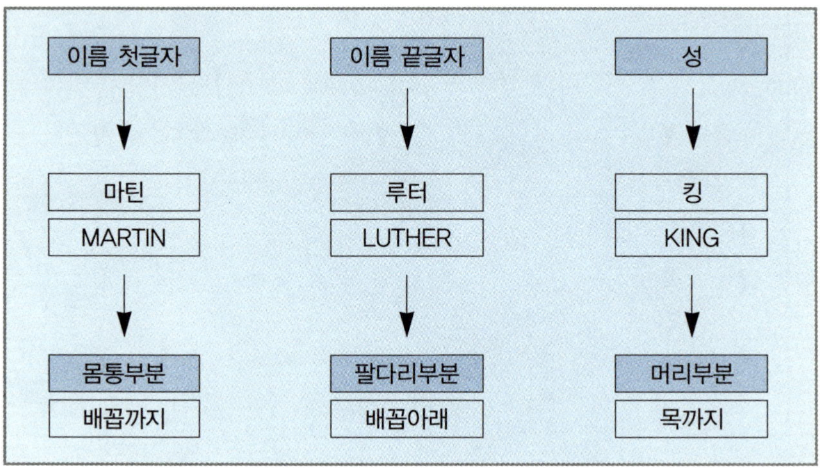

1. 이름의 끝글자가 없든지 이름 첫글자와 이름 끝글자 사이에 또다시
   이름 글자가 있을 때 신장에 따라 상세하게 세분하여 해석한다.

3. 이름연령분류표 Ⅰ

【도표30】

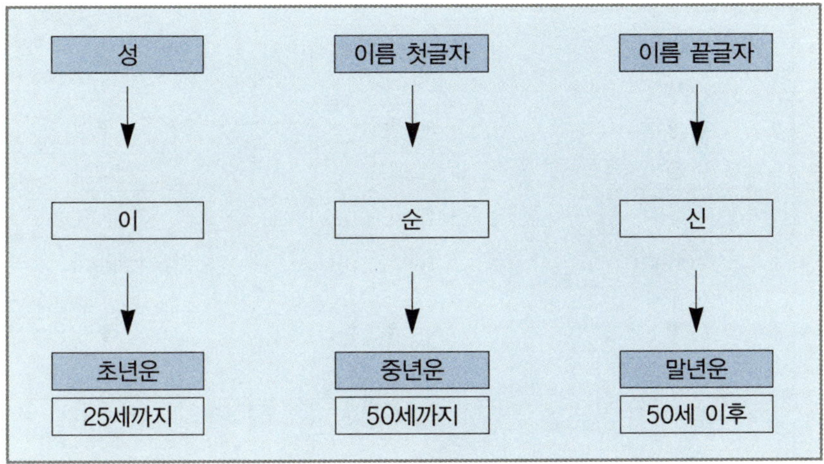

1. 받침이 없으면 25년씩 계산하며 만약 받침이 있으면 첫소리가 15년, 받침을 10년으로 본다.

2. 성이 2자(선우, 황보) 일 때는 앞글자는 15년, 뒷글자는 10년으로 보고, 이름이 3자일 경우에는 이름 첫글자를 15년, 둘째 글자를 15년씩 계산하고, 마지막 글자를 55세 이후로 보면 된다.

3. 이름글자가 한 자일 때 즉 '김구' 일 때는 초, 중, 말년을 통틀어 계산하여 상세하게 세분하여 해석한다.

4. 이름연령분류표 Ⅱ

【도표31】

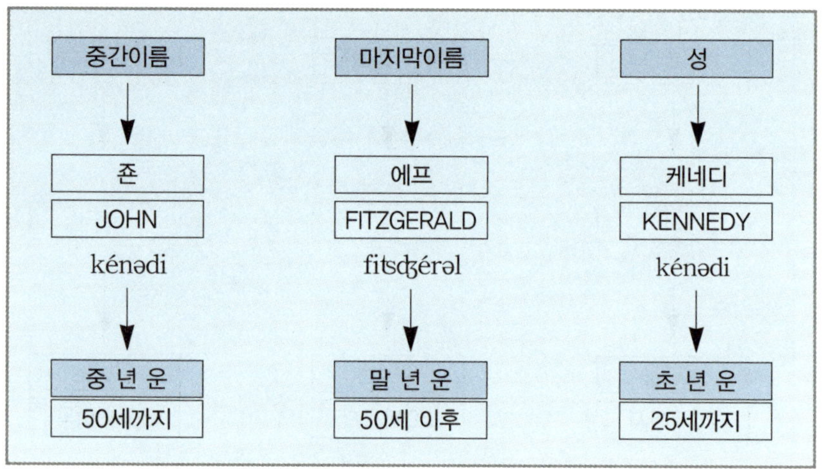

※ 마지막 이름이 없으면 성과 이름만으로 보아야 하며 성과 이름에서
나오는 소리를 잘 세분화하여 해석해야 한다.

5. 이름의 부위별 역할 Ⅰ

【도표32】

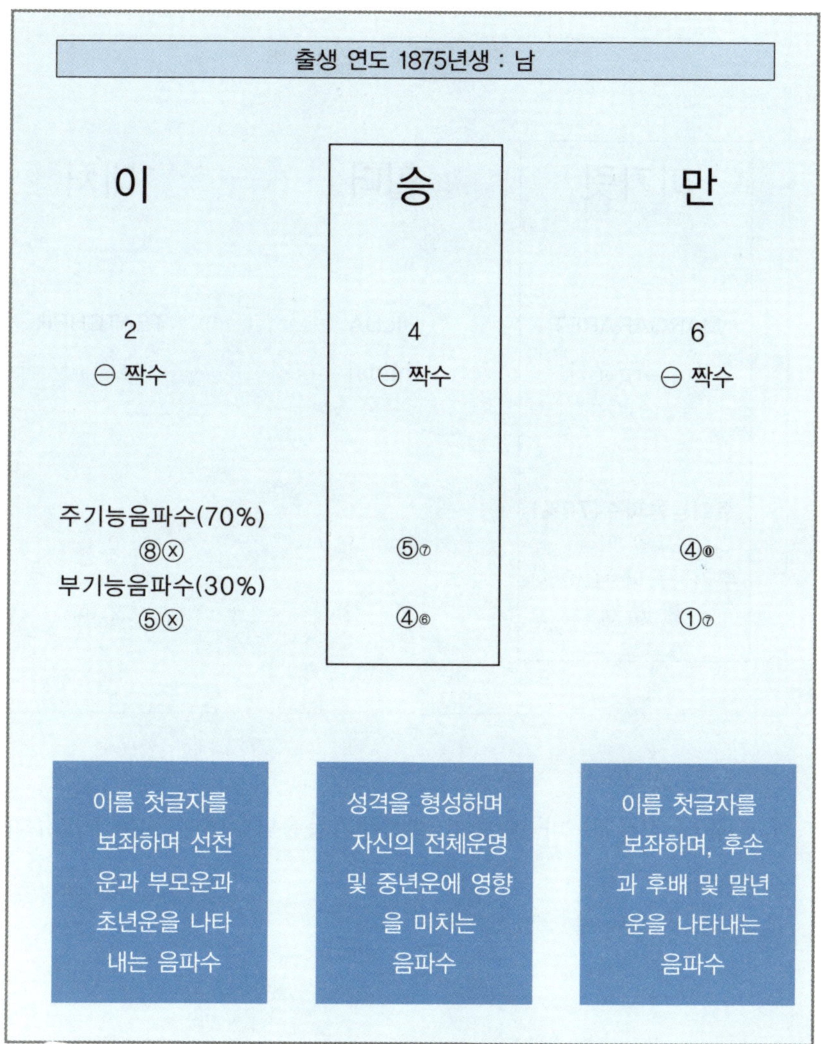

6. 이름의 부위별 역할 Ⅱ

【도표33】

<table>
<tr><td colspan="3" align="center">출생 연도 1925년생 : 여</td></tr>
<tr><td align="center">마가릿</td><td align="center">힐더</td><td align="center">대처</td></tr>
<tr><td align="center">MARGARARET
[maərgərːt]</td><td align="center">HILDA
[hildə]</td><td align="center">TEATCHER
[θætʃər]</td></tr>
<tr><td align="center">주기능음파수(70%)
④ ② ⓪ ⓪
부기능음파수(30%)
⑧ ⑥ ④④</td><td align="center">⑧⓪ ⑨

②④ ③</td><td align="center">⓪ ⑤

④ ⑨</td></tr>
</table>

1. 이름의 첫글자 '마' 의 ④가 핵심주기능음파수이며 ⑧은 보조주기능
   음파수다.

제9장 10대 음파수의 성격유형 및 특성

1. 1음파수의 성격유형 및 특성

> · EOT형 / EOIT형(자기중심형) ·
>
> 자기 성을 쌓는다.
> (성이 무너지면 감당하지 못하고 피하기 급급하다)
> 오는 사람 막지 않고 가는 사람 잡지 않는다.

1) 가족관계

① 남자 : 친형제, 제매, 친구, 동창생, 동서
② 여자 : 친형제, 시아버지, 시숙, 남편의 애인

2) 성격과 특성

한곳에 머물지 못하고 돌아다니기를 잘하며 여행을 좋아한다. 자기중심적이며 재물을 가볍게 여길 수 있다. 정력적이며 의지가 굳고 노력형이지만 자존심 때문에 논쟁을 한다든지 불화가 생길 수 있으며 손해를 보기 쉽다.

사교성이 부족하지만 의외로 남의 말을 잘 따라 실속이 없어 가정이 불행해지는 사람이 많다.

완고하고 격한 성격이며 자기 보호본능이 강해 내면을 쉽게 드러내지 않는다. 자기만의 비밀을 숨기려고 하고 잘 나타내지 않으며 자신을 잘 아는 사람과는 만나기를 꺼려하고 피하려고 한다. 자신이 아무리 없고 빈털터리라도 남에게 내색하지 않고 금전이나 권력이 대단한 것처럼 하며 자기가 중심이 되지 않으면 불평, 불만이 많으며 남의 이야기를 귀담아들으려고 하지 않는다.

직장의 상사나 자신의 의견과 맞지 않는 동료들과 잘 다투며 부하직원에게는 인기를 얻으므로 직장생활은 어울리지 않는다. 특히 대기업의 직원으로서는 적당하지만 중소기업의 직원으로 적합하지 않다. 그러나 자신이 최고 경영자로 진급되어 책임과 권한을 발휘하게 될 때는 탁월한 능력을 발휘하여 인정받을 수 있다.

그러나 자기 자신이 주인이 되는 사업은 실패하는 경우가 많다. 특히 재물과 인연이 없어 재물관리를 담당하는 훌륭한 참모를 두었을 경우에는 예외가 될 수 있다.

독자적으로 일을 하고 싶어 하고 처리할 능력은 있지만 규정과 규칙을 싫어해 까다롭고 제멋대로인 사람이란 인상을 줄 수 있다.

윗사람의 지시나 명령을 싫어하고 대답을 해 놓고도 자기 방식대로 일을 처리하기 쉬우며 부모에게도 실수를 인정하지 않고 사과하기 싫어한다.

있는 체, 아는 체, 잘난 체(3체)하기 쉬우며 자기의 형편을 잘 알고 있는 사람과 만나기를 꺼리며 경제관념이 희박해 돈이 있으면 먼저 쓰고 보는 스타일로 결산 때가 되면 당황해 한다. 일을 벌려놓고 처리하지 못해 손해를 보기 쉽다.

계획성과 설득력은 있으나 즉흥적인 말과 행동이 경솔해 시간이 지나면 누적되어 결과가 좋지 않을 수 있다. 특히 자존심이 강하고 재물에 대한 관념이 없어 돈이 있으면 무조건 사용하고 남의 돈이라도 쓴다.

형제나 친구를 좋아하고 가정을 돌보지 않는 경우가 있다. 부인과 인연이 없어 사이별, 생이별하거나 어려움이 생길 수 있고 아버지와 인연이 없어 일찍 돌아가실 수 있으며 살아계셔도 아버지에게 애로가 생기며 부모의 유산을 받을 수 없고 부모의 유산을 받았다해도 지닐 수 없어 모두 없애고 난 뒤에 자수성가해야 한다.

사업과는 인연이 없으므로 사업은 피하고 특히 동업은 돈 잃고 사람 잃게 되므로 동업하게 되면 자신은 물론 상대방도 망하게 된다. 형제간에도 불화와 불행한 일이 생길 수 있으며 역기능하는 음파수를 만나면 형제가 죽거나 형제가 불행해지며 형제가 잘되면 자신이 잘못되어 고독한 삶을 살게 된다. 일은 잘 벌려놓지만 자신이 마무리하지 못하고 가족이 일을 처리하게 되어 가정불화를 일으킬 수 있다.

말을 잘하여 남으로부터 호감을 살 수 있지만 이해관계에 부딪히면 서로가 갈등과 대립으로 불화하게 된다. 특히 언행이 신중하지 못하고 가볍고 경솔하여 잘 쌓은 공든탑도 허무하게 무너지고 만다. 외교와 영업하는 직업, 직장은 좋으나 돈은 취급하지 말아야 한다. 나 아니면 안 된다는 생각과 사고로 의견이 맞지 않으면 남을 무시하는 경향이 있고 불리하다고 판단되면 물러서든지 빠지는 경향이 있으며 책임을 지지 않으려고 한다.

다시 말하면 말이 앞서가고 행동이 뒤따르지 않으며 말을 먼저 하고도 불리하면 용두사미가 되며 옹고집이 있어 사업은 실패하게 마련이다. 음파수 1과 음파수 2는 무조건 사업에 실패한다. 그러나 사업을 꼭 해야 할 경우에는 자신의 고집과 주장을 버리고 주위 사람들의 의견을 수렴하고 금전관리를 잘하는 훌륭한 참모를 두어 빈틈없는 계획과 노력을 해야 한다.

음파수 1은 음파수 5, 6을 제외하고는 화합기능을 이루어 만나는 음파수의 특성이 나타난다. 예를 들면 음파수 3, 4와 만나면 음파수 3, 4의 특성이 나타나고, 음파수 7, 8과 만나면 음파수 7, 8의 특성이 나타나며 음파수 9, 0을 만나면 음파수 9, 0의 특성이 나타난다. 음파수 5, 6을 만나면 음파수 1이 음파수 5, 6을 역기능하고 있으므로 재물을 파괴하고 아버지를 어렵게 하며 부인을 불행하게 만든다. 김영삼 대통령의 핵심기능음파수가 1, 2이므로 금융실명제를 성공시켰고 IMF를 맞게 되었다. 김영삼 대통령의 특성은 음파수 1, 2의 대표적인 예이다.

3) 가정

배우자를 역기능하는 에너지가 있으므로 부부간에 화합하기 힘들어 가정에 무관심하기 쉽다. 음파수 1, 2가 많으면 아들이 귀할 수 있다.

행복한 가정이 유지되기 어렵고 재물복이 없어 유산을 물려받아도 지키지 못하고 물려받은 재산이 없으면 성공할 수도 있다(자수성가).

4) 어울리는 직업

① 직장 생활을 하면 불평 불만이 많고 능력 발휘를 하지 못하고 2~3년 내 퇴직하기 쉽지만 인내하고 현실에 충실하면 경영진으로 승진하여 능력을 인정받을 수 있다.

② 계급차를 싫어하고 상사를 동료 입장으로 대하기 쉬우며 독립된 부서나 기획부서에서 일하게 되면 능력을 발휘하게 된다.

③ 금전관념이 희박해 경리나 수금사원은 부적합하다(공금 횡령 염려).

④ 정치, 외교, 법률, 예술, 종교, 기획, 비서, 의사, 농축 산업.

5) 여자의 특성

① 의상디자이너, 헤어디자이너, 플라워디자이너, 피아노, 무용 등 전
   문직이 좋으며 단란주점, 노래방 등 유흥업이나 공인중개사로 성공
   하는 사람도 있다

② 자기일보다 남의 일에 잘 나서서 애꿎은 누명을 쓸 수 있다.

③ 방송인, 연기자 등 대중적으로 인기 있는 일을 하는 사람이 많다.

④ 대부분 생활전선에서 활동하며 소실로 사는 경우도 있다.

6) 건　강

① 당뇨병에 걸리는 사람이 많다.

② 간염, 간경화, 담낭염, 정신질환, 간질, 야맹증 등을 주의해야 한다.

③ 위장, 비장 등을 주의해야 한다.

7) 도움말

① 참모를 잘 두어라.

② 금전관리를 철저히 하라.

③ 동업을 피하라.

④ 즉흥적인 언행을 삼가라.

⑤ 형제간에 화합하라.

⑥ 직장상사와 잘 화합하라.

⑦ 한 직장에서 뿌리를 내려라.

⑧ 계획을 세웠을 때 끝까지 해 보라.

⑨ 주변에 도움을 요청하라(조언을 구하라).

2. 2음파수의 성격유형 및 특성

• IOT형 / EOIT형(화합지향형) •

자신의 의지와 감정을 표현하지 않으며 수비본능이 강하다.
오는 사람 막지 않고 가는 사람 잡지 않는다.
외지나 밖으로 많이 돌아다니게 되는 특성이 있다(역마성).

1) 가족관계

① 남자 : 이복형제, 자부

② 여자 : 이복형제, 남편의 애인, 시아버지 형제, 시고모, 시숙

③ 기타 : 친구

2) 성격과 특성

돌아다니기를 잘하며 친구를 좋아하고 사교성이 있으며 원만한 인간관계로 상대방으로부터 존경을 받을 수 있으나 말이 앞서가므로 신망을 잃을 수도 있다.

정치, 종교, 사교, 화합, 협조, 야망, 재물로 인한 손해, 혁신, 교만, 서로 다투며 싸움, 폭력, 고통스러운 정, 이별, 투기성이 있어 한꺼번에 일확천금을 벌려는 요행을 바란다.

사교적이고 대인관계가 원만하여 주위 사람에게 호감을 사지만 신뢰성

이 부족하고 친척, 친구 일에 발벗고 나서므로 좋은 평을 받지만 가정을 등한시할 수 있어 실속이 없다.

외유내강하여 화합하고 협력하는 정치력을 발휘하며 설득력이 있어 사람들이 따를 수 있으며 발전하지만 자기 보호본능이 강해 속을 알 수 없는 사람이란 소리를 들을 수 있다. 일을 계획해 놓고 실천하지 못해 마무리를 하지 못하는 경향이 있다. 종교에 심취할 수 있고 임기응변과 처세술이 좋아 일단 그 자리는 피할 수 있지만 부모형제가 마무리하게 하여 신뢰할 수 없는 사람이라는 평가를 받을 수 있다. 인정이 많아 남을 위해 헌신하지만 외로울 수 있다.

금전 낭비가 심하고, 돈으로 고통받으며, 뜬구름 잡으려 하고, 음모, 지략, 꾀가 많다. 집에 가만히 있으면 아픈 곳이 많고 밖에 나가면 괜찮다.

〈음파수 1〉과 같이 부모와 연장자의 지시에 대답만 하고 자기 주관대로 행동하므로 신뢰받지 못할 수 있다. 사교성이 뛰어나 사람과의 관계가 조화로울 수 있어 동료나 부하에게는 존경을 받지만 윗사람에게는 불평불만을 많이 하게 되어 직장 생활이 피곤할 수 있다.

성실근면하지 못하고 뜬구름을 잡으려는 헛된 욕심이 자주 생겨서 카지노, 오락 등 유흥에 빠지기도 쉽고 파산하는 원인이 된다. 명예심과 권세욕 및 영웅심리가 강하여 선두에 나서거나 앞장서기를 좋아하고 통이 크고 자존심이 강하며 말을 조리 있게 하나 경솔하게 보이기도 한다.

재물을 가볍게 여기며 없어도 없는 표를 내지 않으며 돈을 빌려주면 받는 데 어려움이 있다. 교우관계는 원만하나 남의 지시나 명령, 간섭을 받기 싫어하고 주관이 뚜렷하여 어떤 직종이든지 남의 밑에서 일하는 것은 오래

가지 못한다. 그러나 자신을 인정해주는 상사를 만나 자신에게 모든 것을 맡겨주면 물불을 가리지 않고 최선을 다한다. 활동적이고 재능은 뛰어나지만 자신이 성취한 명예나 권력을 오래 유지하지 못하는 경우가 있다. 그러나 자기주장을 버리고 주위의 협조와 도움을 받으면 오래 유지할 수 있다.

일을 벌리기는 잘하나 마무리를 짓지 못하여 일을 마무리하는 가족이나 참모가 있어야 한다. 쓸데없는 지출과 낭비가 많으며 남에게 미루지 말고 자신이 일을 마무리하는 능력을 배우고 금전을 관리하는 유능한 참모를 두고 자신은 돈에 대해서는 관리하지 않는 것이 좋다. 혼자보다는 집단 속에서 힘을 발휘할 수 있는 장점이 있지만 남의 지배를 받기 싫어하는 성품과 야망과 헛된 욕심이 일을 그르치게 할 수 있다.

이 음파수는 남녀노소를 막론하고 가정에 무관심하고 재물과 인연이 없으며 한곳에 머물 수 있는 인내심이 부족하여 불행을 겪을 수 있으므로 일가친척, 친구 등 주위 사람들의 충고나 조언을 귀담아듣고 독자적인 행동을 삼가고 참을성을 기르며 너그럽고 여유있는 마음을 가져야 한다.

3) 가정

사람과의 관계를 중요하게 생각하지만 가족관계는 오히려 무관심할 수 있다. 배우자와의 관계가 원만하지 못하고 형제와 의사소통이 원활하지 않아 다투거나 미워할 수 있다. 부부는 안 보면 보고 싶고 보면 정이 없다.

4) 어울리는 직업

주관이 뚜렷하여 어떤 직종도 잘 맞으나 사업은 실패할 확률이 높다.

① 정치적 능력을 인정받고 집단 속에서 힘을 발휘하여 화합하고 협조심이 가미되어 통솔력이 뛰어난 실력자가 된다(정치, 법률, 종교, 언론, 의사, 비서, 운동, 인기업).
② 의상디자이너, 화훼, 카페, 레스토랑이 좋고 본인이 직접 하는 것보다 관리인을 두고 관리하는 것이 좋다.
③ 남을 가르치는 교육, 연수, 학원 및 공익사업 등을 경영할 때 성공할 수 있으며 결점을 보완하고 고문을 두어 자문을 구하고 경리직을 잘 담당하는 믿을 수 있는 심복을 두면 크게 성공하는 사람도 있다.
④ 사람과의 관계가 좋아 설득력이 있어 투자가가 생길 수 있지만, 돈 관계에 있어 결과가 좋지 않은 경우가 많다.
⑤ 아들을 얻고 재물 손실을 볼 수도 있다.
⑥ 표리부동하여 실리가 없으면 언제든지 돌아선다.

5) 여자의 특성

① 사교성이 좋고 수단이 뛰어나 직업을 갖는 것이 건강에 좋다(집에 있으면 아프기 쉽다).
② 직업을 가지든지 사회활동을 해야 몸과 마음이 건강하다.
③ 남편을 위해 봉사하고 노력하지만, 심리적 고통과 물질적 고통이 생기기도 한다.
④ 인정이 많아 남을 위해서 헌신하고 노력하지만 인덕이 없어 괴로움과 고통을 받는다.
⑤ 이성 관계에 있어 삼각관계를 주의해야 한다.

⑥ 남의 돈으로 사채놀이를 하면 한꺼번에 재물을 없애기도 한다.

6) 건강

여자는 집에 있으면 몸이 아프므로 밖에 나가서 활동해야 한다. 남자는 위장병을 조심해야 한다.

7) 도움말

① 지출의 억제, 투기성, 사치와 낭비를 조심하라.

② 자신이 계획한 일을 자신이 직접 할 수 있는 힘을 길러라.

③ 협력자의 조언을 받아들여라.

④ 배우자와의 관계를 중요시하라.

⑤ 가족을 이해하고 신뢰하며 사랑하라.

⑥ 모든 일을 함께 의논해서 결정하라.

3. 3음파수의 성격유형 및 특성

1) 가족관계

① 남자 : 장모, 처가식구, 외조부, 손자, 조모

② 여자 : 딸, 외손자, 외조부, 손녀, 친정조카

2) 성격과 특성

복이 많고 나라의 돈을 받는다. 건강, 장수, 신의가 있고 도덕적이며, 낙천적이고 쾌활하며 삶을 즐긴다. 의식주의 자유(있으면 있는 대로 없으면 없는 대로)가 있고 식성이 좋아 살찐 사람이 많다.

〈음파수 3〉 남자의 특성은 장수와 행복을 뜻하며, 아내 덕분에 몸과 마음이 건강하며, 부부가 화합되어 좋을 수도 있다.

주도면밀하여 빈틈이 없으며(돌다리도 두드려 보고 건넌다.) 온화한 편이나 성질이 폭발하면 큰 사고를 낼 수 있다. 덕이 있지만 성질이 느려 땀

흘려 노력하는 것을 싫어한다. 주위에서 뼈 없이 좋은 사람이라고는 하지만 부인은 남편을 좋아하지 않는다.

목적을 위해서는 재물을 대수롭게 여기지 않는다. 어릴 때는 공부를 잘하지만, 크면서 성적이 떨어지는 경우가 많다. 돈을 빌려주면 못 받고 보증서면 망하기 쉽다. 3 음파수의 돈을 빌려 사업하면 그 사람도 성공하기 어렵다. 밤잠이 없어 공상을 많이 하고 놀이를 즐기며 인생살이를 놀이로 생각한다. 금전관계에 있어 어떻게 되겠지 하는 생각과 남에게 주는 것을 좋아하며, 금전 개념이 희박하고 즉흥적이며, 싫증을 잘 낸다.

아이같이 단순하고 호기심이 강하기 때문에 의문이 생기면 끝까지 알아내려 하고 물음을 무덤 속까지 가져가는 사람이 많다.

한번 신뢰하면 끝까지 신뢰하고, 불신하게 되면 마음속에 간직하고 풀기가 어렵다. 부모님 말씀도 수긍이 가지 않으면 자기 생각대로 움직인다. 사소한 일에도 흥미와 관심이 많아서 신경을 쓰며 창조의 아이디어가 풍부하다. 성격이 까다롭지만 천진난만하며, 대범한 것 같지만 소심하다. 단순한 성격의 소유자라 불의에 강한 듯하지만 때로는 피해버리기도 한다. 영웅심리가 있어서 목숨을 쉽게 버리기도 한다.

결단력, 인내심이 부족하여 계획은 잘 세우지만, 끝을 잘 맺지 못한다. 다방면에 소질이 있어 팔방미인이란 소리를 듣는다. 어느 곳에서나 특기를 과시하며 가족이나 친구 자랑을 많이 하고, 명예와 감투를 좋아한다. 체면이 손상되는 것을 싫어하고 자기 약점 노출을 꺼린다. 의처증이나, 의부증이 생길 가능성이 있다. 희로애락의 표현이 금세 얼굴에 나타난다. 한가지 집념이 대단히 강하다.

빈틈없는 것을 좋아하는 완벽주의자이다. 너무 완벽한 일 처리로 인덕이 없는 경우가 많다. 줄 것이 있으면 잠을 못 자며, 염세적인 면이 있어서 웃어도 진짜 웃음이 아니고 노래도 진짜 노래가 아니다. 마음에 한이 맺히면 강박관념이 강해 자살도 가끔 생각한다. 언제나 마음이 만족한 듯하면서 부족감이 있다.

어릴 때는 공부를 잘하고 외향적으로 활발하지만 어떤 시기에 충격으로 인하여 내성적으로 바뀌어 말이 없게 된다. 어른이 되면 내성적으로 변하기 쉽다. 한쪽으로 치우치거나 비정상적인 사람으로 비치는 사람도 있다. 중년에 고생하면 말년에 인색하고 남을 믿지 않고 주관대로 행동한다. 주색에 빠지기 쉬우므로 평소에 조심하는 것이 좋다.

3) 가 정

일찍 결혼하면 이혼하거나 사별할 수 있다.

3, 4 음파수의 부인은 활동하게 된다. 이유는 남편이 금전관념이 희박하기 때문이다. 부인이 돈을 벌게 되고 부부가 다투면 여자 목소리가 더 크다. 남자는 부인의 도움을 받는 경우가 많고 데릴사위의 역할을 맡기도 한다. 형제와 동료로부터 소외감을 잘 느낀다. 가정적으로는 엄격하고 사회적으로는 여유롭다.

여자는 생활력이 강하고 결혼 후 가정의 행복을 위하여 애를 쓰는 경우가 많다. 여자는 남편보다 자녀를 더 좋아하며, 배우자와의 관계가 좋지 않을 수 있고 남편보다 자녀를 편애하는 경우가 많다.

4) 어울리는 직업

① 〈음파수 3, 4〉는 무언가 창조하려는 뜻이 있어 창조에 관련된 상업은 좋으나 사업에는 실패할 확률이 높다.

② 매스컴의 세계, 예능, 예술에서 크게 성공한다.

③ 학문, 의학, 종교, 역술에 두각을 나타낸다.

④ 건축, 원예, 고전도 적성에 맞다.

⑤ 나라와 관계되는 일에 잘 맞다(공무원, 정계, 군인 등).

⑥ 식생활에 관련된 분야는 좋다.

⑦ 나 아니면 안 된다는 생각과 완전무결의 완벽성을 추구하기 때문에 주위 사람들이 피곤하여 떠날 수 있다.

⑧ 종업원은 자주 떠나게 된다.

⑨ 직업에 맞는 사업은 좋지만 비서와 참모를 잘 두어야 한다.

5) 여자의 특성

① 자기 주장이 강하고 말을 할 때 똑같은 말을 계속 반복하며, 만만해 보이는 사람에게는 함부로 대한다.

② 시집가기 전에는 어머니를, 결혼 후에는 아버지와 남편에게 함부로 대해 충돌하기 쉽다.

③ 자존심이 강하고 단순 외곬으로 남의 눈을 의식하지 않고 하고 싶은 말을 하며, 눈 밖에 날 수 있다.

④ 잘못한 부분이 이해되어도 겉으로는 사과하지 않는다(속으로 한다).

⑤ 특히 강하게 하면 할수록 강하게 대응하므로 부드럽고 친절하게 대
　해야 한다.

⑥ 활동하기 싫어하고 하고 싶은 일이 있을 때 활동적이 되며 부지런
　해지고, 자신은 늘 부지런한 사람으로 인식한다.

⑦ 다른 음파수와의 만남에 따라서 생활력이 왕성해지며, 가정의 안락
　을 위해 노력하고 배우자를 성공하게 한다.

⑧ 3음파수가 많은 여자는 남자관계가 복잡하기 쉬우며, 배우자를 역
　기능하는 고난의 운명이다.

⑨ 결혼 후 직장생활을 하거나 돈을 번다.

⑩ 여자는 3, 4 와 9, 0이 만나면 자녀에게 좋지 않다.

⑪ 여자는 배우자가 일찍 죽거나 하는 일에 막힘이 있다.

⑫ 여자는 배우자가 술을 많이 먹는다.

⑬ 〈음파수 3 ,5〉는 후처(재처)가 좋다.

⑭ 〈음파수 3〉이 두세 개 중복되면 자녀를 특별히 편애하며, 배우자와
　인연이 없어 혼자 살게 될 수도 있다.

⑮ 연애결혼하면 부부 충돌이 심하다.

⑯ 술장사 등 접대하는 일을 하게 될 수도 있다.

⑰ 예능방면에 소질이 있고 정신세계를 추구한다.

⑱ 한 번 밉게 보면 끝까지 밉게 본다.

⑲ 아니라고 생각하면 냉정하게 돌아선다.

⑳ 남편 말을 제일 안 듣는다.

6) 건강

① 식생활과 관계가 깊고 미식가가 많고 과식을 하게 되어 위장이나 장이 탈이 나기 쉽다.

② 과식, 과음, 안일에서 오는 비만증세를 항상 염두에 두고 간경화, 심폐질환, 직장암 등에 주의해야 한다.

③ 우울증, 정신질환에 주의해야 한다.

④ 〈음파수 3, 4〉의 부인은 아픈 사람이 많고 성격이 강해진다.

⑤ 여자일 경우에 유산, 자궁병에 주의해야 한다.

7) 도움말

① 남을 신뢰하고 나 아니면 안 된다는 고정관념을 깨라.

② 주위 사람의 조언을 경청하고 수용하라.

③ 인내심을 길러라.

④ 금전관계를 철저하게 하라(빌리지도 말고 빌려주지도 말며, 보증을 서지 마라).

⑤ 배우자의 뜻을 존중하라.

4. 4음파수의 성격유형 및 특성

1) 가족관계

① 남자 : 손녀, 외조부, 애인의 어머니

② 여자 : 아들, 조모, 시누이 남편, 자녀

2) 성격과 특성

자존심이 강하고 완벽주의자이다. 염세주의, 반항, 실패, 권세와 권리를 잃음, 허무, 불안, 피곤, 망신, 교만, 경쟁, 소송, 반대, 방해, 자살, 살상, 공상과 낭만의 정신이 강하여 헛된 공포감을 갖기 쉽다. 유행에 민감하다. 두뇌 회전이 빨라 경솔하기 쉽다. 육감과 예지력이 발달해 상대의 사소한 동작, 언어에서 마음을 꿰뚫어 보는 예지력이 출중하며 예감이 거의 적중한다.

세상 사람의 반대, 방해, 경쟁, 대립, 갈등, 부도, 소송, 망신, 이별, 살상, 자살, 피살, 실패 등을 암시하며 타인으로부터 오해, 비방, 중상모략을 받기 쉽다. 인덕이 없고 세상을 비관하고 한탄하는 사람도 있다.

감수성이 예민하고 연구심이 강하며 신경질적 성품에 솔직한 것을 좋아한다. 규칙에 얽매인다든지 속박받기를 싫어하고 고독을 즐긴다. 반항심이 강하여 나를 억압하는 자에게는 강하게 대항한다. 감정의 기복이 심하여 수시로 마음이 변해 감정에 치우친 언어와 행동을 한다. 타인의 비방과 오해를 받기 쉽다. 망신을 당하고, 인덕이 없고 실패의 연속으로 인하여 한탄, 비탄에 빠지기 쉽다. 감정이 격해지면 자신을 괴롭히는 자와 동반살상을 실행하기도 한다.

타인의 일을 잘 도와주지만 대가를 바라므로 비난을 산다. 냉정해 보이지만 마음속으로는 정이 많고 눈물이 많아 불쌍한 것을 보고 그냥 지나치지 않는다. 감정 표현을 잘하지 않아서 여자는 쌀쌀맞게 보인다. 오랜 친구도 '알 수 없는 냉정한 사람' 이라는 인상을 느끼게 한다. 뛰어난 지략가가 많고 천치바보도 있으며 부귀영화를 누리는 등, 극에서 극으로 가는 경향이 있다. 강해 보이지만 본성은 나약해 감언이설에 속기 쉬우며 억압을 잘 견디지 못한다. 어릴 때는 공부를 잘하지만, 중3, 고교에서 성적이 점점 떨어진다.

특히 남자는 무골호인이며 남에게는 잘하고 가정에서는 독재자이며 배우자 말을 잘 듣지 않는 특성이 있다. 자신을 과소평가하고 매사에 항상 부족감을 느끼고 사람들에게 배신을 잘 당한다. 뼈 없이 좋은 사람이 많고 남의 부탁을 거절하지 못해 불가능한 것도 도맡아 하는 바람에 괴로움과 고통을 겪는다.

사람을 사귀는 데 가려서 사귀는 까다로운 성격으로 주위의 사람을 난처

하게 하고 적을 만들기 쉬우므로 조심해야 한다. 맞는 말이라도 실수를 할까봐 두려워하며 말하기를 꺼린다. 이것이 반복되어 내성적인 성품으로 변하여 아예 입을 다물고 있거나 술이나 약물의 힘에 의하여 속을 털어놓기 때문에 습관화되기 쉽다. 남자는 이성에 빨리 눈을 뜬다. 내성적인 성격이므로 특별한 지도를 해야 한다.

자비심이 있고 슬기로운 꾀와 지략 등을 두루 갖추고 재능이 있지만 사람들의 오해나 불신을 사게 된다. 혼란기 즉, 어려운 시기에 힘을 발휘하며, 고집이 세어 남의 말을 듣지 않는다. 어느 종교든 불신하는 자가 많은 반면, 종교를 맹신하기도 한다. 또한 큰 사람도 많고, 소인배도 많으며, 정신적 지도자도 많다. 시타르타(석가모니), 예수(그리스도), 콩치우(공자), 소크라테스 등 성인과 현인들이 많다. 세파를 떠나 종교계로 진출한 사람도 많다.

3) 가 정

금전적으로 부자유스럽고 안정된 생활이 어려울 수 있다. 가정불화로 자신을 제어하기 힘든 상태가 되어 마음에 없는 외박을 하게 된다. 부부 인연이 없고 남자는 가정에 무관심하다.

4) 어울리는 직업

① 어려운 문제를 수습하기 위하여 선발되는 예가 많지만, 결과는 언제나 좋지 않다.

② 창의력, 감수성, 예지력, 인내심이 풍부하여 학자, 교육계통, 예술

가, 사상가, 발명가, 연구직, 역술가, 중개사 및 이·미용사, 장식업 등의 서비스 분야가 많다.

③ 의료업계, 첨단유행업, 특수개발, 종교계의 대성자가 많다.

④ 음파수의 만남에 따라 정치, 법률에서 성공한다.

⑤ 여자로서는 학문, 예술, 의약, 고전, 역술, 무속, 유행창조의 분야와 의류업, 장식업, 음식업이 좋다.

⑥ 남녀 모두 혼란기에 진가를 나타내는 나쁠 때 좋은 운을 보인다.

⑦ 사업은 원천적으로 어울리지 않지만, 직업에 관계되는 사업은 하되 고문을 두고 직접 사업에 개입하지 않는 것이 좋다.

⑧ 고독한 천재, 배고픈 선비가 많다.

5) 여자의 특성

① 배우자 덕이 없으며, 인덕도 없다.

② 학업성적이 뛰어나고 성장 후까지 영향이 미친다.

③ 교만한 성품으로 남을 얕보게 된다.

④ 불화, 논쟁이 자주 생긴다.

⑤ 단순하고 직선적이며 까다로운 성격으로 때로는 남편이나 친지를 무안하게 한다.

⑥ 자기 남편은 남보다 뛰어나야 하고 행동도 완전해야 한다고 생각한다. 일정한 수입이 보장되면 탈이 없지만 금전적인 고통을 받으면 견디지 못하고 직접 생활전선에 뛰어든다.

⑦ 배우자 일에 실패가 많다.

⑧ 십년 공든 탑을 말 한마디로 무너뜨린다.

⑨ 시댁과의 불화가 단점이며, 시댁과 떨어져 사는 것이 현명하다.

⑩ '공상의 별'이라 하여 허황된 공상으로 건강을 해칠 수 있다.

⑪ 겉과 달리 속에 겁이 많고, 냉정한 것 같지만 다정다감하다.

⑫ 상대의 영역을 침범하지 않으려는 고지식한 마음이 있다.

⑬ 눈치가 빨라 넘겨짚기를 잘하고 90%가 적중한다.

⑭ 간혹 의부증 소리도 듣는다.

⑮ 자녀에 대한 과보호가 심하다.

⑯ 〈음파수 3, 4〉는 배우자를 역기능하여 상하게 하는 에너지가 있어서 생이별, 사이별 하는 사람이 많다.

⑰ 어머니로서 아내로서 화목한 생활을 하기 어려우므로 어려서부터 뚜렷한 목표를 세우는 것이 좋다.

⑱ 손재주가 많다.

⑲ 바른 소리를 잘하며 눈 밖에 난 사람은 다시는 보지 않으려 한다.

⑳ 남편 말을 제일 안 듣는다.

㉑ 한 번 밉게 보면 끝까지 밉게 본다.

㉒ 아니라고 생각되면 냉정하게 돌아선다.

6) 건강

① 불만이 많이 쌓여 병이 생기며 정신이상이 생기거나 무속이나 광신자가 될 수 있다.

② 울화병으로 인하여 신경성 위장병, 두통, 눈병, 심장 질환, 뇌졸중,

암 등이 생기고 간경화로 고생할 수 있다.

③ 〈음파수 1, 2〉를 만나면 수술하거나 병이 생기든지 벌을 받을 수도 있다.

④ 여자는 뚜렷한 병명 없이 고생하는 사람이 많고 신경성으로 날씨에 따라 건강상태가 변한다. 기분이 좋으면 모든 일이 순조롭고 즉시 완쾌되고 기분이 불쾌하든지 극도로 신경 쓸 일이 있으면 온 천지가 아득해지고 병석에 눕게 되는 순간적 질환으로 항상 약과 인연이 깊다(우울증을 앓기 쉽다).

⑤ 여자는 집에 있으면 병이 나고 신경성 위장병이 생기고 신경이 예민하다.

7) 도움말

① 가족에게 온화하고 친절한 말씨를 잊지 말라.

② 포용하는 마음을 길러라.

③ 가족을 위해 봉사하고 배려하라.

④ 자기주장을 버리고 남의 이야기에 귀기울여라.

⑤ 마음을 느긋하게 가져라.

⑥ 배우자 뜻을 존중하라.

5. 5음파수의 성격유형 및 특성

1) 가족관계

① 남자 : 아버지, 애인, 처남, 형수, 애인의 형제, 제수

② 여자 : 아버지, 시어머니, 이모부, 딸의 사돈

2) 성격과 특성

고향을 떠나서 성공하며 낙천적이고 여행을 좋아하며 항상 바쁘게 생활한다. 의기소침하고 비굴한 점은 있지만 천성이 꾸밈없고 인정이 많으며 의로운 일에 재물을 아끼지 않는다. 심성이 착하며, 봉사정신이 강하고 의리를 존중하며 특히 이성에게 친절하고 애정적인 면에 남보다 좋은 인상을 풍기며, 술, 여자, 노래, 오락, 흡연을 즐긴다. 이기적이고 타산적이므로 손해를 보지 않는다. 남의 일을 잘 도와주어 고마워하는 사람들이 많다.

5음파수의 재물은 유동재로 많은 사람의 재물이라 금전운이 좋아 쉽게 재물을 모으지만 나가기도 쉬워서 속성속패하기 쉽다. 부유층의 사람이 많으며, 활동을 잘하고 항상 분주하며 수입보다 지출이 많을 수 있다. 재물과

여자가 많지만, 이로 인하여 뜻밖의 사고도 당하기 쉽다. 가능한 지출을 억제하는 습관을 기르는 것이 중요하며, 〈음파수 5〉는 재물의 기운이므로 결혼 후 가운이 번성하고 재물이 풍부해 진다(주머니에서 돈이 떨어지지 않는다).

〈음파수 5〉는 애인의 기운이 있으므로 애인을 두거나 여자로 인하여 고통을 당하기 쉽다. 유흥장이나 오락장에서 잘 어울려 논다. 넘치거나 부족함이 없는 평온하고 무사 안일한 것을 이상적으로 생각하므로 혼란함을 꺼리고 안정된 시기에 힘을 발휘한다. 육체적 힘이 있고 고집이 있으며, 육체적 또는 노동하는 분야에 힘을 발휘할 수 있어 운동선수가 많다. 남녀 모두 교통사고, 수술의 위험성이 있고 가출할 수 있는 경향이 있다.

남자가 〈음파수 5, 6〉이 많으면 배우자, 재물 복이 많다. 돈이 많으면 건강을 해칠 수 있고 정신적, 육체적 안정을 잃기 쉬운 특성이 있으며 학창시절이나 젊은 시절의 자기 전공을 살리지 못하고 전혀 다른 일을 하게 된다.

이기적인 성품 때문에 자기몸을 너무 아끼며, 엄살이 심하다. 구렁이 담 넘어가는 식의 행동을 삼가지 않으면 주위의 사람들에게 믿음성이 없는 인물로 보이기 쉽다. 말 수단이 없지만 어른이 되어서 잘할 수 있다. 모험심도 있고 배짱이 있다. 처보다 애인을 더 사랑하며 경제적 수완이 좋아 재물을 모으는 능력이 있으며 돈에 대해 부자유를 느끼지 않는 것이 장점이다. 고집이 세어 자기가 인정하고 수긍하기 전에는 풀리지 않는다.

〈음파수 5〉는 부드러워 남에게 이용을 잘 당하고 불쌍한 사람에게 인정을 잘 베풀기도 한다.

간혹 건망증이 있고 게으른 성품으로 매사에 의욕이 없는 것처럼 보이기도 하고 여기저기 돌아다니기를 잘하며 교통사고가 잘 생기고 잘 다치거나 수술할 수 있는 일이 생긴다.

3) 가 정

남자는 배우자 복이 있고 배우자 말을 들으면 성공하나 듣지 않게 되면 실패하게 된다. 배우자를 잘 만날 수 있어서 결혼 후 가문이 번성하고 재물이 풍부해진다.

남자는 특히 여자로 인해 피해를 볼 수도 있다.

4) 어울리는 직업

① 유동재를 표시하는 음파수이므로 상업, 금전을 취급하는 직장 생활이 좋다.

② 운수업(자전거나 오토바이 등 회전에 관계되는 직종이 좋다.)

③ 의사와 간호원, 외교통신, 재활용센터, 판매, 운동선수(특히 씨름선수), 스포츠 관련업에서도 성공한다.

④ 카페, 레스토랑, 식당, 의류매장, 군경, 부동산에 적합하다.

⑤ 재물을 다루는 데 탁월한 능력이 있어 정치계통으로 성공할 수 있다.

⑥ 전공과 180도 다른 일을 하게 된다.

5) 여자의 특성

① 재물을 표시하는 음파수이므로 결혼 전에는 친정집이 유복해지지

만, 결혼 후에는 친정이 기울어지고 시집이 번성한다.

② 이기적이며 친정보다 시집편이 된다.

③ 인정이 많고 고지식하며 단순해서 남을 속일 줄 모른다.

④ 불쌍한 사람에게 인정을 잘 베풀고, 남에게 이용을 당하기 쉽고 완고한 면이 있다.

⑤ 남편에게 기대지 않고 활동하면 좋고 타지에서 성공한다.

⑥ 게으른 면이 있지만 재물이 많아 생활이 여유로울 수 있다.

⑦ 무엇을 경영하든지 좋으며 직장생활을 해도 경제적 안정을 얻는다.

⑧ 움직이는 돈을 활용하는 재능을 갖고 있으며, 돈을 자유자재로 이용하는 능력이 있다(돈을 잘 불린다).

⑨ 자녀에 대한 교육열이 많고 자녀가 자신의 뜻과 어긋나면 속상해한다.

⑩ 남편이 자녀같이 생각될 때가 많다.

⑪ 내 문제보다 남의 문제에 더 잘 나서고 도움을 준다.

⑫ 〈음파수 5〉가 중복될 때 말을 더듬는 수가 있고
〈음파수 5〉가 너무 많으면 공부가 중단되기도 한다.

6) 건 강

① 강할 때 강하지만 의외로 연약한 면이 있다.

② 육체적 힘이 있다. 운동에도 소질이 있다(뚝심).

③ 위장장애, 알레르기성 질환, 간질환으로 고생하고 특히 위장장애에 신경을 써야 한다.

④ 어려서는 회충 병으로 발육에 지장이 있다.

⑤ 정신적, 육체적으로 안정을 잃기 쉽다.

⑥ 간혹 건망증과 치매증세가 있다.

⑦ 교통사고나 수술의 위험성이 있다.

⑧ 병원에 가기 싫어한다.

⑨ 돈이 모이면 건강을 해치기 쉽다.

7) 도 움 말

① 근검절약하는 습관을 길러라.

② 정기적금이나 부동산에 투자하라(현금유통 금물).

③ 술, 담배, 여자, 오락, 노름을 삼가라.

④ 과다 지출을 하지 마라. 낭비하기 쉽다.

⑤ 가정으로 들어가라.

⑥ 고집을 버려라.

⑦ 침착한 습성을 가져라.

6. 6음파수의 성격유형 및 특성

· IFS형 / EFIS형(경제지향형) ·

재산과 물질을 상징하며 대기만성형이다.

1) 가족관계

① 남자 : 처, 처형, 처제, 형수, 숙부, 백부

② 여자 : 시어머니, 삼촌, 숙부, 백부, 외숙모, 증손녀

2) 성격과 특성

성실 근면하고 다재다능하며 고집이 세다. 〈음파수 5〉는 부드러우나 〈음파수 6〉은 냉정하고 차다. 자산, 신용, 복이 많음, 좋은 운수, 고정재, 비축재, 온후하고 건실하다. 재주와 재능이 많고 총명하므로 여러 분야에서 능력을 발휘한다. 대기만성하는 특성이 있다. 다정다감하며 성실하고 가정적인 자상함과 근검절약하며 쓸데없는 낭비를 하지 않는다. 아버지와 벗처럼 가깝게 지낸다. 상냥하고 조심성이 많고 느리고 답답한 사람이라는 인상을 풍길 수 있다. 부하로부터 배신당하지 않으며 여자가 많이 따른다.

학창 시절이나 젊은 시절의 전공, 꿈과 180도 다른 직업을 가지는 것이 특징이며 재물의 에너지가 강하다. 정도를 벗어나는 것과 집 밖을 나가는

것을 싫어한다. 과단성이 부족하고 원만함을 바라므로 안정된 세상이나 불안한 세상에서도 평균의 힘을 발휘하는 대기만성의 음파수다. 번영을 의미하고 신용과 복록이 있다. 내가 재물을 갖고 있을 때 상대가 강제로 빼앗을 때는 당하지만 내가 상대로부터 강제로 빼앗을 때는 이긴다.

보수적이고 도덕심이 강하여 다툼을 싫어하고 자기 분수를 벗어나지 않는 깐깐한 성격이며 고집이 세어 하면 된다는 성격으로 너무 지나치면 반감을 산다. 의협심이 강하고 도덕성이 강하며, 여럿이 모여 의논하는 것을 좋아하고 이를 존중한다. 시비를 분명히 가리는 것이 재물을 나타내는 〈음파수 6〉의 정신이므로 대인관계도 계산문제에서 두드러지게 나타난다. 핵심주기능이 〈음파수 6〉인 사람은 뛰어난 기억력과 사리에 맞는 언변으로 주위 사람들을 놀라게 한다. 사람들이 믿고 따르며 성실하고 원만한 성격이며, 다툼을 싫어하지만 결정적인 순간에 폭발하기도 한다.

자기와 이해관계가 있는 것 중 이해되지 않는 부분에서는 이해가 될 때까지 자기고집을 꺾지 않는다. 고집이 세며 느리고 답답한 느낌을 주지만 원만한 성품이다. 의리가 있고 정직하며 번영과 안정을 의미하며 쓸데없는 지출을 하지 않고 검소하며 근검절약하는 사람이다.

10개의 음파수 중에 가정적이고 현실적이며 가장 좋은 음파수 중 하나이다. 결혼하면 성공할 수 있는 처복이 많은 음파수이지만 일찍 결혼하면 어려움이 있을 수 있다. 그러므로 청년 시절에는 이성으로 인하여 애로가 있고 음파수의 만남에 따라 형제나 처로 인하여 어려움을 겪게 될 수도 있다. 때로는 술, 여자, 노름 등으로 불행을 자초할 수 있다. 주색을 가까이 하면 패가망신할 수 있고 지나친 재물과 명예에 대한 욕심은 불행을 초래하므로 매사에 정도로 살아가는 태도를 가져야 한다.

3) 가 정

남자로서 배우자가 많은 음파수이므로 결혼 후에 집안이 번창하여 재물을 모은다. 〈음파수 5〉는 애인을 뜻하므로 본처보다 애인이나 후처와 인연이 깊고 〈음파수 6〉은 본처이다. 〈음파수 5. 6〉은 청·장년에 이성으로 인하여 피해가 생긴다. 재물은 모든 사람이 좋아하기 때문에 〈음파수 5, 6〉 수가 있는 사람에게는 여자가 따른다. 술과 여자를 조심하지 않으면 불행한 일이 생기거나 명예를 크게 손상하기 쉽다.

〈음파수 6〉의 장점은 40대부터 나타나며, 원만하고 검소하며 성실하지만 너무 깐깐한 것이 결점이다. 배우자가 미인이 많고 장가를 가면 바로 운이 트인다. 배우자덕, 처가덕이 있고 맞벌이 부부도 있다. 여자는 가정적이고 알뜰하며 돈을 남편같이 여긴다.

4) 어울리는 직업

① 단번에 출세하려는 욕심을 부리지 말고 사람들과의 친화와 신용을 얻으면 차분히 성공의 길로 들어선다.

② 재능과 재주가 많아서 어느 부서라도 재능을 인정받기 때문에 착실하게 발전하여 크게 부유하고 높은 지위에 오르게 되는 사람이 많다.

③ 정치, 법률, 군경, 실업계에 두각을 나타내며 장래가 밝다.

④ 의사, 교육계, 예능, 종교계 등 여러 분야에 맞으며 적합한 직업이

라는 것이 없다.

⑤ 6이 4를 만나면 여자를 두고 하는 직업이 좋다.

⑥ 여자를 두고 돈을 벌되, 남자들로부터 돈을 버는 음식장사(요정)가
좋다.

5) 여자의 특성

① 단순하며 고지식하고 이기적인 반면 고집이 세어 타협을 모른다.

② 내성적인 성격은 빈틈없는 일 처리로 신임을 얻으며 손해 볼 일은
하지 않는다.

③ 일단 눈 밖에 난 사람은 다시 거들떠보지 않고 냉정하고 쌀쌀하다.

④ 까다로운 성격으로 화합하지 못하고 어떤 문제에 대하여 옳고 그름
을 논하여 다툴 수 있으므로 수직적이고 한쪽으로 치우치는 성격을
조심해야 한다.

⑤ 돈이 있을 때는 기운이 나다가도 돈이 떨어지면 풀이 죽는다.

⑥ 배우자를 성공시키려는 성격이다.

⑦ 부모와 가끔 마찰이 생겨서 서먹해질 수 있다.

⑧ 성격이 세밀하여 예민하고 결벽증이 있을 수 있다.

⑨ 저축상, 가계부상을 받아 남의 부러움을 산다.

6) 건 강

까다로운 식성은 암에 걸리기 쉽다. 간염과 간장병 및 위장병을 조심해
야 한다. 여자는 신경이 예민하고 결벽증도 있다. 5, 6의 음파수는 소화기

능에 주의해야 하고 위하수, 위경련, 위염, 위암, 피부병, 변비 등을 조심해야 한다.

7) 도 움 말

① 여자를 멀리 하라.

② 성실함을 잊지 말라.

③ 도박, 술, 오락을 조심하라.

④ 덕스러움을 잃지 마라.

⑤ 도덕성을 기억하라.

⑥ 배려하는 마음을 가져라.

⑦ 봉사하는 마음을 가져라.

7. 7음파수의 성격유형 및 특성

1) 가족관계

① 남자 : 아들, 외조모, 사촌형제, 백모

② 여자 : 남편(정부), 남편의 형제, 외조모

2) 성격과 특성

명예를 존중하며 자존심이 강하고 불의를 못 참으며 성질이 급하고 변덕이 심하며 화를 잘 내고 쓸데없는 걱정을 잘한다. 권세, 완강, 성급, 의협심, 항쟁심, 영웅호걸, 권모술수, 고독, 비굴의 특성을 내포하고 있다.

7의 음파수는 나의 몸을 공격하는 적(7역기능1)이기 때문에 좋은 것은 아니나 아주 귀하게 될 수 있는 운이 〈음파수 7〉에 있다. 알맞은 때를 만나게 되면 탁월한 능력을 발휘하고 영웅호걸은 〈음파수 7〉에서 나온다. 때를 만나지 못하고 주위 환경을 잘못 선택하면 평생을 바쁘고 소득이나 보람 없이 보내기도 하나, 가난한 집에서 성장하면 대부분 성공하며 부잣 집에서 성장하면 중년에 한 번 좌절하고 고생한다. 이것은 피할 수 없는 일이지만 〈음파수 5, 6〉을 만나면 소탈, 소박하며 활달하다. 〈음파수 7〉은 통솔을 의미하므로 바르다고 생각할 때는 순종하지만 부당하다고 생각하면 반박한다.

〈음파수 7〉이 무능하여 통솔력을 잃으면 제도와 질서가 문란하여 법이 없는 곳과 같은 세상이 되어 법에 어긋나는 일들이 속출하고 혼란과 파괴에 이르러 마침내 이를 바로잡는 혁명가나 영웅이나 의사가 나타나게 되는 음파수이다. 주변의 권력을 믿고 함부로 행동하며 허풍이 세어 비난받기도 한다.

의협심이 있어 두목, 군경, 사법관, 충신과 열사들이 많이 배출된다. 책임감이 강하고 신속하며, 고집이 세어 타인을 억압하고 조정하려는 경향이 있어 뛰어난 인물이 나올 수 있지만 잘못될 경우 노숙자, 불량자가 될 수도 있다. 항상 잘 다치며 위험한 일을 즐기고 부모를 걱정시키며, 장난감도 무기류를 좋아하기 쉬우며 승부욕이 강하다. 명예를 손상하는 일에는 재물도 중요하게 생각지 않으며 경제적으로 무책임한 가장이 될 수 있다. 이뿐만 아니라 흥정을 못하며 급한 성격이므로 사업을 하면 실패하기 쉽다. 어떤 장소에 가면 돈을 먼저 내고 돈이 없으면 참석을 회피한다. 돈을 빌려주고 잘 받지 못한다.

전문지식이나 자기가 깨달은 비법을 가르쳐 주는 것을 좋아하며 배운 사람들이 본인보다 더 성공하게 되는 경우도 있으며 배신당하는 경우도 있고 배신할 수도 있다.

활동적이며 급하고 정열적이며 순간적으로 화를 잘 내기도 하며 다투기도 잘한다. 일하는 것을 즐기며 다른 사람을 칭찬하기를 즐기고 칭찬받기도 좋아한다. 경쟁의식이 지나쳐 지는 것을 수치스럽게 생각하고 목적을 위해서는 타인을 이용하기도 잘하고 권모술수가 있다.

연민이 많고 좋고 싫음을 그대로 표현하는 꾸밈없는 성격이며 무슨 말이든지 속에 담아두지 못하며 과격한 행동으로 도리어 피해를 보기도 한다. 솔직하고 담백한 성격으로 상대의 눈치나 체면을 의식하지 않고 하고 싶은 말은 한다. 야당 정치가와 시민운동가가 많다. 아들과 딸들이 아버지를 다정한 친구처럼 느낄 수 있다. 연애할 때도 고독하게 느끼며 재물이 많아도 허무하게 느끼고, 칭찬도 받기 쉽고 비난도 받기 쉽다.

남자는 첫 결혼을 실패하는 경우가 많고 2번, 3번 가야 결혼생활을 성공할 수 있다.

3) 가정

여자는 결혼하기 쉽지 않고 흠이 있는 상대와 결혼하게 되거나 실패하기 쉽고 남자도 두세 번 결혼하는 사람이 많다. 여자는 남자에게 배신을 잘 당할 수 있다. 남자는 가장 역할을 못하고 가정을 돌보지 않는 경우도 있다. 과격해도 본처에게는 꼼짝 못한다.

4) 어울리는 직업

① 이름을 떨치는 영웅호걸이 나오고 명예와 권력을 장악한다.

② 경찰, 군인, 검찰, 업무기획, 조정 관리직, 품질관리, 엔지니어, 법률, 의사, 무역업, 작가, 비평가, 예술가.

③ 건축, 군인, 토목, 운수업, 수위, 단체노동.

④ 컴퓨터 전문가, 전자, IT 등 쇠와 관련 있는 직업이 좋으며 소리 나는 직업이 좋다.

⑤ 상업은 격한 성격, 흥정을 못하는 기질로 성공하기 힘들다.

5) 여자의 특성

① 남자와 같은 생활을 하여야 하고 생활 전선에 나아가 활동하게 되고 결백한 것을 좋아한다(여장부 기질).

② 핵심주기능 〈음파수 7〉은 몸이 마른 편이며 주기능과 부기능의 만남에 따라 비만인 사람도 있다.

③ 자신의 일보다 남의 일을 더 잘 봐 주어서 잔 근심이 많고 쓸데없는 걱정을 많이 하게 되어 몸과 마음이 피곤할 수 있다.

④ 사회적 명성을 얻는 사람이 많고 여러 방면으로 활동한다.

⑤ 부모의 구속을 싫어하여 독립을 원한다.

⑥ 늦공부를 하며 책을 남편으로 여기며 산다.

⑦ 노는 것보다 일하는 것을 좋아하며 생기 발랄하다.

⑧ 〈음파수 7〉도 하나만 있으면 귀부인이다.

⑨ 남자에게 배신을 잘 당한다.

6) 건 강

① 〈7, 8 음파수〉는 호흡기능에 신경을 써야 하며 관절염, 심장병, 혈압, 중풍, 비후염, 폐결핵, 갑상선, 이질 등에 주의해야 한다.

② 말더듬이나 벙어리, 언어장애.

③ 여자는 심장마비, 혈압(저혈압), 당뇨, 중풍 등을 조심해야 한다. 울화병이 올 수도 있다(일이 잘 풀리지 않을 때). 성질이 급해 말을 더듬을 수 있고 발음이 정확하지 않을 수 있다.

7) 도움말

① 참을성을 길러라.

② 말을 아껴라(세 번 생각하고 한 번 말하라).

③ 조언자를 구하라.

④ 감정을 다 드러내지 말라.

⑤ 가정에 충실하라.

⑥ 분노를 삭여라.

⑦ 독선을 버려라.

8. 8음파수의 성격유형 및 특성

• ISE형 / ESIE형(명예지향형) •

정치가와 권력자, 남편을 나타내므로 국가에서는 국가의
원수가 되고 가정에서는 존경받아야 할 어른을 의미한다.

1) 가족관계

① 남자 : 자녀(딸), 증조부, 손자며느리

② 여자 : 남편, 증조부, 자부

2) 성격과 특성

평화로운 분위기에서 안정을 추구하고 주어진 임무를 충실히 행하며 성실하고 책임감이 있다. 품행이 단정, 명예, 신용, 지혜, 재능이 있다. 10대 음파수 중 〈6음파수〉, 〈0음파수〉와 더불어 좋은 음파수로서 중용, 온화하고 양순하며 풍채가 좋고 매우 부지런하며, 총명하고 성품이 부드러우면서도 굳세며, 현모양처가 많다. 용모가 단정하며 꼼꼼하고 깨끗한 것을 좋아한다.

어른을 존경하고 명예를 중요하게 생각하며 신용을 지키고 자비심이 많으며 인품이 바르고 순박하다. 높은 긍지와 책임감은 〈음파수 7〉과 같지만 신중하며 행동에는 대담성이 없고 나아가고 물러설 때의 태도가 달라서 불리한 입장에서는 남의 탓을 할 수 있고 지나칠 경우에는 비난을 받고 신뢰를 받지 못하며, 또는 소심한 사람이라는 소리를 듣지만, 경솔한 경우가 적어서 인생을 살아가는 데 실패가 적다.

책임을 지워주면 훌륭히 처리하지만 책임을 두지 않으면 신경을 쓰지 않고 중도에 포기한다. 기피증이 있으며, 자기에게 피해가 있다 싶으면 몸을 도사리고 모르는 체 넘어가며 명예가 손상되는 것을 두려워한다. 단정하고 깔끔하며 깨끗한 것을 좋아하고 반발하고 싶거나 결백을 주장하고 싶어도 잘 참으며, 기억력과 관찰력이 뛰어나서 승진이 잘될 수 있다.

격한 성격이 있을 수 있고 신경질적으로 보이며, 공격 성향이 강해 평화로울 때 힘이 발휘된다. 대담성은 없지만 임기응변을 잘하며, 깔끔하고 결벽증이 있을 수 있고 신경질적이고 화를 잘 내며 사소한 것에 신경 쓰고 쓸데없는 걱정을 할 수 있다. 남녀 모두 일을 처리할 때에 여러 방면으로 관찰하고 생각을 하여 여러 사람의 의견을 종합해서 결정하며 빈틈없이 일을 처리하지만, 남의 말을 잘 들어 투자 및 빚보증으로 고통을 겪을 때가 있다.

음파수 7, 8은 욱하는 성질이 있다. 때로는 우유부단하여 비겁하다는 소리를 들을 수 있다. 명예를 존중하며 경찰, 검찰, 군인 같은 직업이 좋으나 음파수 7은 검찰이고 음파수 8은 판사이며 판사 중에도 형사부 판사는 음파수 7이 좋고 음파수 8은 민사부 판사가 좋다. 이 음파수 특징은 남을 배신할 수도 있고 배신을 잘 당할 수도 있으며 쓸데없는 걱정을 많이 하고 대범하면서도 소심하다. 어려움을 잘 극복하고 고통과 반항심을 자제하며 기억력과 관찰력이 좋으며 출세지향적이다.

대담성은 없지만 시비와 논쟁을 싫어하고 평화로우며 안정된 시기에는 힘을 발휘하여 좋은 결과를 가져올 수 있다. 임기응변에 능하여 남에게 호감을 주며 여자와 술을 좋아하지만 잘 나타내지 않는다. 무슨 일이든지 맡겨주면 책임을 지고 훌륭하게 처리하나 직책이나 직위를 주지 않으면 중도에 포기한다. 그러므로 감투를 주는 것이 돈을 주는 것보다 더 낫다. 음파수 8은 명예와 권력을 상징하는 특성을 가지고 있다. 소심하고 변덕이 많은 것이 특징이다. 사업을 하면 실패하기 쉽다.

3) 가　정

안정적이고 원만한 가정을 꾸미고 여자는 현모양처가 많으며 남자는 현모양처를 만난다. 남자는 부인에게 모성애를 느낀다. 여자는 남편에게 오빠나 친구 같은 느낌을 가진다. 자녀 때문에 가끔 부부가 충돌하기도 한다. 남녀 모두 서로를 존중하고 이해하는 마음을 가져야 행복하다. 형제를 역기능하는 에너지가 있어 불행을 당하는 형제, 자매가 생길 수 있다.

4) 어울리는 직업

① 핵심주기능음파수가 〈음파수 7, 8〉일 경우 정치, 외교, 법률, 군경, 인기인, 학자, 부동산업, 의식주, 근면성을 필요로 하는 직업. 핵심주기능음파수에 5, 6이 있고 핵심부기능음파수에 7, 8이 있을 때 큰 부자가 된다. 직업은 정치, 법률, 교육, 군경에서 두각이 나타난다.

② 사업면에서는 성실성이 인정되는 사업은 성공하지만 인간미가 부
족한 것이 결점이다. 남편을 표시하는 〈음파수 7, 8〉이 중복되어
있으면 주로 남자를 상대하는 직업이 좋다. 이때 〈음파수 5, 6〉의
도움이 있어야 한다.
③ 소리 나는 직업이나 쇠, 철, 전자, 정보, 운전계통의 직업도 좋다.
④ 공무원, 교사, 전문직.

5) 여자의 특성

① 사교성이 부족하여 아첨할 줄 모르고 새침데기가 많다.
② 책임감이 강하고 고지식하고 꾸밈이 없어서 아부를 좋아하는 사람
에게는 미움을 산다.
③ 〈음파수 8, 3〉은 이혼한 남편과 만나 살다가 다시 헤어진다.
④ 남편 덕이 있고 외모가 단정하고 깔끔한 인상을 주며 아버지의 사
랑을 독차지한다.
⑤ 동기나 형제, 친구들이 잘 따르고 리더십이 있다.
⑥ 친정어머니는 투정이 많고 딸과 같이 지내기를 피한다.
⑦ 사위에게는 애로가 있고 사위로 인해 머리가 아프다.
⑧ 〈음파수 7, 8〉이 중복되면 정부를 둔다.
⑨ 인덕이 없다.
⑩ 직업은 정치, 법률(판사, 변호사), 교육, 군경 등이 좋다.

6) 건 강

① 심장, 혈압, 치질, 당뇨병, 건망증, 폐, 대장, 간장.

② 중풍, 치아 등 조심.

7) 도 움 말

① 권력을 남용하지 마라.

② 상대방을 배려하고 베푸는 마음을 가져라.

③ 투자나 빚보증을 서지 마라

④ 지나치게 자기를 보호하지 마라.

⑤ 사업은 하지 마라.

⑥ 돈거래하지 마라.

⑦ 인내심을 가져라.

⑧ 화를 내지 마라.

9. 9음파수의 성격유형 및 특성

1) 가족관계

① 남자 : 서모, 조부, 애인의 부모, 계모의 형제

② 여자 : 서모, 조부, 사위, 이모, 외삼촌, 계모의 형제

2) 성격과 특성

게으르고 잠이 많으며 새로운 변화와 뒤바꾸는 것을 좋아한다. 집을 떠나 객지 생활을 할 수 있으며 해외에 나갈 수도 있다. 모험가, 의식주 불안, 이별과 방랑, 변동, 재물을 잃음, 병으로 인한 고통, 조난, 단명, 사법기관이나 관청과의 시비, 도난, 이별과 방랑의 음파수이다. 모험가의 기질이 있고 내면에는 강한 에너지를 갖고 온화한 일면이 있다. 지식, 창의력, 연구심이 충만하여 독창적 아이디어가 풍부하다. 또한 임기응변의 재능이 있고 남이 알지 못하는 지략이 있어 좋은 기회를 잡는다.

너그러운 마음을 가지고 생각이 넓으며 문장이 뛰어나고 친절하며 총명하지만 모든 일에 처음은 열심히 하다가 끝에는 태만해지므로 집중력의 부

족이 성공에 지장을 가져온다. 집단 속에서 체제와 규율과 복종을 싫어하며 항의나 거절도 하지 않아서 마음속으로 어떤 생각을 하는지 알기 어렵다. 반면에 불량배나 건달이 되기 쉽고 지나치게 맹렬한 성품이지만 지속적이지 못할 수 있다.

모든 것을 새롭게 하고자 하는 개척의 힘이 있는 총명한 음파수이며 특히 어려운 시기에 힘을 발휘하고 재능을 인정받는다. 부모를 일찍 여의고 배우자와 어려움이 있으며, 의식주에 불안을 느끼고 빈곤하게 되는 경우가 많다. 큰 명예가 따른다 하여도 내적으로 불행이 숨겨져 있을 운이므로 큰 불행이 생기지 않도록 대비해야 한다. 고생만하고 공이 서지 않는 경우가 많다(모래성을 쌓는다). 〈음파수 9, 0〉은 두뇌와 학문을 뜻하며 〈음파수 9〉는 독창적 아이디어가 풍부하여 새로운 것을 추구한다.

남의 지배와 간섭, 지시, 명령받기를 싫어하며 초면인 사람도 대화를 잘 나누는 친밀성이 있으나 오래 가지 못하며 직장 생활에 불만을 가지기 쉽다. 몸과 마음이 성급하고 고통과 괴로움의 힘든 고난이 닥쳐도 말없이 참고 견디는 인내심이 있고 노력형이다. 밑에서 기어오르는 저력이 있어서 혼란기의 무장격이며 나이가 들어도 힘이 넘친다.

고독하고 개척정신이 투철하며 변덕이 없고 원만하게 보이지만 체제와 전통, 습관 등에 구애되는 것을 싫어하며 옛 관습이나 낡은 것을 파괴하고 새로운 것을 창조하고 개선하려는 에너지가 강하다. 고상한 취미를 즐겨 예술가가 많고 방랑을 좋아한다. 머리가 비상하고 여러 방면으로 아는 지식도 많으며, 달변가라는 소리를 듣는다. 신비의 세계나 정신세계에 몰두하기도 하며 서양사상보다 동양사상에 심취할 수 있다. 아버지와 인연이 없다. 어릴 때 잔병치레를 많이 하고 위험한 고비를 넘긴다. 종교에 심취되어 구도의 길로 가기도 한다. 음식을 좋아하고 해외로 나갈 수 있다.

3) 가　정

부모를 일찍 여의고 배우자와 애로가 있다. 계모가 있고 만일 없으면 조실부모하고 젖이 부족하다. 장남, 장녀, 맏사위, 맏며느리가 되어야 한다. 부모를 모시지 못할 수가 있다.

4) 어울리는 직업

① 주기능과 부기능의 만남에 따라 영웅호걸, 부호, 최고의 권력자, 의사, 지사, 열사 등 뛰어난 인물이 나타난다.

② 2, 4음파수와 같이 남의 지배를 싫어해서 직장생활을 싫어　한다.

③ 정치, 법률, 군경, 학자, 예술가, 의사, 종교인, 역술인, 운동계통, 이·미용사 등이 적합하다.

④ 발명가, 탐험가 등으로 성공하기도 한다.

⑤ 건축, 토건 계통의 부서와 새로운 것을 만드는 직업은 좋다.

⑥ 언변이 좋으므로 말로 하는 직업이 좋다.

⑦ 레스토랑, 카페, 음식점, 반찬가게 등 먹는 계통의 직업은 좋다.

5) 여자의 특성

① 부드러우면서 강한 일면이 있고 인덕이 없으며 게으르고 고지식한 편이다.

② 3음파수를 역기능하므로 잠재의식에서 의식주에 대한 부족감을 많이 느끼므로 먹는 장사와 인연이 많아 카페나 음식점으로 진출하는 사람이 많다.

③ 핵심주기능음파수에 9가 있고 핵심부기능음파수에 5가 있는 여성이 결혼 후에 가정형편이 좋아지고 생활의 여유가 생긴다. 수단이 좋고 활동적이며 마음이 깊어질 수도 있다. 그러나 〈음파수 9〉가 너무 많으면 아버지의 덕이 없고 오히려 불행해진다.

④ 〈음파수 9〉가 〈음파수 3〉과 같이 있으면 자녀에게 해가 많고 유산 가능성이 있고 〈음파수 4〉와 같이 있으면 남편과 자녀와 인연이 약하다.

⑤ 학문, 서예, 의학계통, 간호원, 승무원이 좋다.

⑥ 내가 낳은 자녀와는 인연이 멀고 남의 자녀를 키우기도 한다.

⑦ 외모가 뛰어나 연예인 소리를 듣는다.

⑧ 인기가 있지만 쓸쓸하고 외로움을 느끼며 어머니가 서모같이 느껴지거나 남의 어머니 밑에서 눈칫밥을 먹고 자라는 경우가 있다. 인덕이 없다.

⑨ 게으르고 잠이 많고, 고지식하며 부드러우면서도 강한 여장부이다.

6) 건 강

위장병이나 식도(갑상선, 기관지)에 질병이 오며 사망할 때 굶어 죽는 사람이 많다.

속병을 앓는다. 식중독, 잔병치레, 과식은 금물, 약의 과다복용 금지. 〈

음파수 9, 0〉은 배설기능에 주의해야 한다. 특히 자궁, 신장, 방광, 성병, 요통 등을 조심해야 한다. 유산, 자궁외임신, 유방암, 신병 조심.

7) 도 움 말

① 부지런하게 움직여라.

② 상대방의 말에 귀기울여라.

③ 늘 수련하는 자세로 살아라.

④ 말을 줄이고 실속을 차려라.

⑤ 체제와 규율을 지키도록 애써라.

⑥ 신병을 조심하라.

10. 0음파수의 성격유형 및 특성

• INZ형 / ENIZ형(학문지향형) •

최상인의 긍지, 모성의 본능, 교양의 음파수

1) 가족관계

① 남자 : 어머니, 장인, 증손녀

② 여자 : 어머니, 손녀, 사촌형제

2) 성격과 특성

고집이 세고 최상인이라는 긍지를 갖고 있으며 보수적이고 고지식하며 온후단정하다. 자비심이 있으며 관용과 포용력이 있고 자상하면서도 냉정하다. 주위 사람들로부터 신망이 두텁고 복이 많으며 올바르게 살려고 노력한다. 유학이나 해외에 나갈 수 있다. 높은 사람을 따라다니며 돕고 보살피는 사람, 지혜와 학문이 높고 사물을 식별하고 관찰하는 능력이 높은 사람, 교육계, 예술가(특히 고전분야), 작가 등이 많다. 뛰어난 학문능력을 바탕으로 기술 습득의 능력이 있다.

유복한 생활을 하고 존경을 받으며 건강과 장수를 누릴 수 있다. 따지기를 좋아하고 사물에 대한 비판과 판단을 즐겨서 이론적인 토론을 합리화시키는 습성 때문에 이론에 치우치기 쉽고 말이 많은 사람이라 남으로부터 싫증과 미움을 받을 수도 있다.

어려운 집안에서 태어난 사람으로 집안을 일으키는 인물이 되지만 마음 고생을 많이 할 수 있다. 지성적이며 평화를 사랑하고 전통을 존중하며 집 념이 강하여 시대의 흐름과 변화를 좋아하지 않는다. 정이 많고, 온화하며 명예를 존중한다. 논리적이고 자기중심적이다. 임기응변의 재능이 부족하 지만 이론적인 말을 잘하고 고지식하고 고집이 세다. 박식한 지식을 바탕 으로 한 이론가이며 통솔력이 있어 여러 분야에 지도자가 많다.

학문을 나타내며 수재가 많고 용모단정하고 학업이 크게 일어난다. 관에 진출하면 높은 직위에 오르고 재산이 풍부하여 가문이 번창하고 일생이 안 락하다. 성격이 조용하고 차분하며 너그럽다. 구시대와 기성시대의 학문 및 제도, 규율을 맞추어 풍부한 지식으로 사물을 처리하는 반면에 새로운 문화와 새로운 제도, 새로운 규율에 대해서는 지나친 고정관념으로 인하여 쉽사리 받아들이지 않고 오히려 반대 입장을 고수하기도 한다. 이러한 경 향은 사회생활을 할 때 두드러져 집단 속에 큰 영향을 미친다.

〈음파수 0〉은 생각이 깊고 행동이 바르며 사랑할 줄 안다. 자기를 유익 하게 할 줄도 알기 때문에 돈에 인색하다는 소리를 들을 수 있다. 의로운 것을 생각하는 학식과 덕행이 높은 인격을 갖추고 있다. 자녀를 가르치는 부모의 기운으로서 자상하면서도 때로는 차가운 인상을 주기도 하지만 육 친과 자녀에 대한 애정이 남보다 강하다. 〈음파수 0, 1〉은 부모 형제를 아 끼는 사람으로 이해타산이 분명하여 때때로 불만의 대상이 되기도 한다. 유순한 성격과 모든 일이 지나침이 없으므로 난세에 약한 대신에 모성본능이 강하며 인생행로에서는 강자로서 살아간다.

어머니가 자녀를 키우려면 절약도 생활신조로 해야 하므로 인색하고 타산적이며 말로만 넘기려는 인상을 받게 된다. 게으르고 잠이 많은 면이 있다. 부인과 별거하거나 혼자 살아도 좋으나 여자로 인하여 망신이 따르며 보수적이다. 아버지와 딸이 맞지 않고 고부간에 갈등이 있으며 형제에게 정신적인 도움을 줄 수 있다. 사업보다 교사, 교수, 학자나 말로하는 직업이 맞다.

3) 가　정

현모양처의 도움으로 원만한 가정을 꾸민다. 어떤 음파수를 만나느냐에 따라 어머니와 불화가 생길 수도 있고 가정불화가 생길 수도 있다. 자녀 때문에 고생이 있고 별거할 수 있다. 장남, 장녀, 맏사위, 맏며느리가 되어야 한다.

4) 어울리는 직업

① 평화롭고 자애로운 모성의 품성을 발휘하기 때문에 여러 분야에서 통솔력 있는 지도자가 많다.

② 학자와 문예에 종사하는 사람이 많다.

③ 교육자가 많다. 예능계에서도 두각을 나타낸다.

④ 말을 하는 직업이 좋다.

⑤ 정치, 종교, 군경, 법률, 역사, 지리, 고전, 실업계.

⑥ 의류(한복 계통).

5) 여자의 특성

① 모성본능이 강하다.

② 순박하고 선량하며 재주가 좋고 원만하며 단순 명랑하다.

③ 가무를 즐긴다.

④ 평생 병이 적고 과식을 잘한다.

⑤ 이기적인 점도 있는 일면 따지기를 잘한다.

⑥ 정치, 법률, 군경에서 성공하는 사람이 많다.

⑦ 학문, 예술, 종교, 의약, 고전 등에서 유명해진다.

⑧ 손재주를 필요로 하는 직업이 좋다.

⑨ 복잡하고 치열한 경쟁사회에서는 그 능력이 나타나지 않으므로 평화를 원하며 환경에 순응하여 따르는 것이 좋다.

⑩ 자녀 때문에 고생할 수 있으며 외로움을 느끼기 쉽고 재물만 의지할 수 있다.

⑪ 공부하는 것을 좋아하며 살림보다 배우는 일에 열심이나 배운 것을 활용하지 못하며 이론에만 치우치기 쉽다.

⑫ 잠이 많고 게으르고 느긋하지만 의외로 부지런한 사람도 있다.

6) 건 강

① 평생을 통하여 뜻밖에 일어나는 불행한 일이 적고 고독한 경향이 있다.

② 존경받기를 원하고 지나친 자극만 없으면 장수하는 사람이 많다.

③ 어려서 몸이 약하거나 병으로 고생하기 쉽다.

④ 중풍환자가 많다.

⑤ 건강에 자신이 있어 오히려 병을 몰고 다닐 수 있다.

7) 도 움 말

① 솔선수범해라.

② 부지런한 습관을 가져라.

③ 새로운 것을 받아들여라.

④ 새로운 사람들을 사귀어라.

⑤ 이론에만 치우치지 마라.

⑥ 급변하는 현대사회에 과거에 집착하는 보수적이며 소극적인 사고에서 개방적이고 진보적이며 적극적인 사고를 키워야 한다.

⑦ 말이나 이론보다 행동하고 실천하는 능력을 키우는 것이 성공할 수 있는 비결이다.

제10장 음파이름으로 찾는 배우자와 인간관계

1. 핵심주기능음파수가 1일 때

• 상대방의 핵심주기능음파수가 1이나 2이면

부부관계에서는 같은 음파수의 성격 소유자로서 사이는 좋지만 서로 이해하지 않으면 처음에는 반기지만 나중에는 싫증을 느낄 수 있고 1, 2 음파수가 자기중심적이고 고집이 세어 불화와 다툼이 생기며 지나치면 이별도 하고 서로 미워할 수 있다. 친구관계에서는 서로 존중하면 무난한 사이가 될 수 있다.

• 상대방의 핵심주기능음파수가 3이나 4이면

서로 순기능하는 음파수이지만 3, 4 음파수가 고집이 세고 자존심이 강한 특성이 있어 상대방의 자존심 때문에 신경을 많이 쓰고 불화도 생길 수 있다. 상대를 인정하고 이해하면 대부분 원만하며 무난한 관계가 유지될 수 있다. 3, 4 음파수가 1, 2 음파수의 기운을 빼앗아가고 잘난 사람끼리 만나 힘든 상황이 많다. 친구관계에서는 서로 존중해주면 이해가 되는 무난한 사이가 될 수 있다.

• 상대방의 핵심주기능음파수가 5나 6이면

1, 2 음파수가 5, 6 음파수를 역기능하고 있으므로 다툼과 의견충돌이 많아지고 특히 금전 문제가 자주 발생하여 둘 사이가 금이 생기고 헤어지기 쉬운 만남이다.

• 상대방의 핵심주기능음파수가 7이나 8이면

7, 8 음파수가 1, 2 음파수를 역기능하므로 다툼과 시비가 많아지고 서로의 주장이 강하여 결과가 좋지 못한 관계이다. 서로의 독선적인 의견으

로 물러설 줄 모르므로 불행하기 쉽다. 서로 존중하고 사랑하는 관계로 성숙되면 이해와 관용으로 주위의 부러움을 사는 사이가 될 것이다.

특히 여자가 7, 8 음파수일 때 남자는 여자로 인해 불행을 초래하고 여자는 배신을 잘 당한다.

• 상대방의 핵심주기능음파수가 9나 0이면

서로 순기능하는 음파수이며 9, 0 음파수가 1 음파수를 도와주는 기운이 있으므로 얼른 보기에는 좋게 보이지만 음파수의 특성상 독립적이고 자기중심적인 것과 최상인의 긍지를 가진 잘난 사람이 만나 상대방은 협조심이 없고 욕심만 채우려 하므로 서로 다툼이 생기고 조화가 되지 않을 수도 있다. 그러므로 당신의 베풀고자 하는 마음과 넓은 포용력만이 행복한 관계를 만들어 줄 것이다.

2. 핵심주기능음파수가 2일 때

• 상대방의 핵심주기능음파수가 1이나 2이면

같은 음파수의 만남으로 서로의 주장이 뚜렷하고 재물을 역기능하므로 지출이 많아지고 의견이 잘 맞지 않아 충돌이 생기기 쉽고 만약 부부사이라면 한두 차례 풍파를 보내는 불행도 겪어야 한다. 그러나 친구사이는 서로 이해가 되는 무난한 관계가 될 수 있고 부부관계에서도 자기수양을 통해 서로 이해하고 인정하면 무난할 수 있다.

• 상대방의 핵심주기능음파수가 3이나 4이면

서로 순기능하는 음파수이지만 개성이 뚜렷한 음파수끼리 만나 자존심 싸움과 성격이 단순하고 속이 깊지 않아 불만이 생기며 서로 화합을 이루지 못한다. 그러나 당신에게는 조금만 이해하고 노력하면 해로운 음파수가 아니며, 오히려 도움이 되는 관계이다. 그러나 항상 심적으로나 정신적으로 고통을 받을 수 있다.

• 상대방의 핵심주기능음파수가 5나 6이면

2 음파수가 5, 6 음파수를 역기능하고 있으므로 당신에게 헌신하지 않고 오히려 당신의 혜택을 보려 하므로 처음에는 좋은 듯하지만 결국에는 불행한 관계로 끝나기 쉽다. 특히 금전관계로 말썽이 생긴다.

• 상대방의 핵심주기능음파수가 7이나 8이면

7, 8 음파수가 2 음파수를 역기능하고 있으므로 뜻이 맞지 않고 마찰이 많으며 두 음파수의 특성이 독선적이고 참지 못하는 성격이므로 불만이 쌓이면 이별하게도 된다. 그러나 서로 역기능하는 것을 보조주기능음파수가

핵심주기능음파수를 화합기능시켜 주면 오히려 행복해질 수도 있다. 그러므로 이 음파수의 만남도 9 음파수 또는 0 음파수가 보조주기능음파수에서 화합기능시켜 주면 좋은 사이가 될 수도 있다.

- 상대방의 핵심주기능음파수가 9나 0이면

서로의 음파수가 순기능하고 있으며 조화를 이루고 있기 때문에 대체로 원만하고 무난하지만 서로의 이해와 협조가 필요하다. 특히 당신의 헌신적인 노력이 필요하다.

3. 핵심주기능음파수가 3일 때

• 상대방의 핵심주기능음파수가 1이나 2이면

서로 순기능하는 음파수이므로 좋은 듯 느껴지지만 1, 2, 3 음파수의 특성상 부부간의 사이가 좋지 않으며 건강을 조심하고 상대방의 하는 일에 간섭을 하지 말고 자존심을 건드리지 말아야 한다. 교제하는 사이일 때는 좋을 수 있지만 당신의 의심과 자존심을 있는 그대로 나타내면 불행을 초래한다.

• 상대방의 핵심주기능음파수가 3이나 4이면

서로 같은 음파수로서 서로의 특성을 잘 알고 있으므로 서로 이해하면 화목한 사이가 되고 단란한 가정도 꾸릴 수 있지만 서로 존중하고 인정하지 못하면 불행을 겪게 된다. 특히 당신이 남성이라면 가정과 처에게 신경을 많이 써야 하며 어떤 고통이라도 참는 습성을 길러야 한다. 친구 사이라면 갈등과 불화가 생겨 오래 지속되는 관계가 아니다. 남녀 모두 헌신이 없으면 불행을 겪고 이별하게 된다.

• 상대방의 핵심주기능음파수가 5나 6이면

순기능하는 음파수로서 서로 원만한 사이가 되며 서로 의지하고 도움을 주며 마찰이 없는 좋은 인연이다. 다만 당신이 여성이라면 자존심이 강하고 자기중심적이므로 배우자와 화합하는 에너지가 적어서 고통이 심할 수 있다.

• 상대방의 핵심주기능음파수가 7이나 8이면

서로 역기능하는 관계이므로 불화가 자주 생기며 풍파가 많다. 특히 음파수 특성상 부부인연이 없어 부부 사이가 원만치 못하고 이별수가 있지만 연인사이일 경우에는 좋은 관계가 될 수도 있다. 보조주기능음파수에 5나 6이 있으면 화합기능을 이루어 무난하고 행복해질 수도 있다.

• 상대방의 핵심주기능음파수가 9나 0이면

서로 역기능하는 음파수이며 특히 9, 0 음파수가 3 음파수를 역기능하여 사이가 좋지 못하고 시비와 다툼이 많으며 충돌이 자주 생긴다. 3 음파수의 특성상 부부인연이 없으므로 부부사이일 경우에는 이혼할 수 있지만 보조주기능음파수에 1, 2가 있으면 이혼이나 불화는 다소 피할 수 있다.

4. 핵심주기능음파수가 4일 때

• 상대방의 핵심주기능음파수가 1이나 2이면

음파수 특성상 서로 반발이 생기고 가끔 충돌도 있지만 서로 순기능하고 있으므로 결과적으로는 서로 이해하는 사이가 된다. 부부관계에서 당신이 여성이라면 자기주장을 하는 경향이 많고 불평불만을 하여 스스로 불행한 결과를 가져오게 되지만 연인사이라면 무난할 수 있다.

• 상대방의 핵심주기능음파수가 3이나 4이면

같은 음파수이지만 음파수 특성상 서로 고집을 세우고 자존심을 꺾지 않으므로 다툼과 불행이 따른다. 그러나 이 만남은 이해와 관용만 있으면 친구와 같은 관계를 부부사이에도 유지할 수 있지만 만약 베풀지 않고 받으려고만 하든지 욕심을 부리면 불행한 결과가 오게 되고 평생을 고독하게 지내게 되며 병으로 고통을 받기 쉽다.

• 상대방의 핵심주기능음파수가 5나 6이면

4 음파수와 5, 6 음파수는 순기능하므로 당신의 마음가짐에 따라 좋은 사이를 유지하며 행복한 일생을 보내게 된다. 그러나 음파수 특성상 당신이 여성이라면 자존심이 강하고 자기중심적이며 남편 말을 잘 듣지 않으므로 남편운이 없고 고통이 많다.

• 상대방의 핵심주기능음파수가 7이나 8이면

서로 역기능하는 음파수이므로 너무나 대조적인 성격상의 차이가 있다. 충돌이 많고 결과가 나쁘며 불행한 일이 생긴다. 부부사이라면 이별과 고통이 있다. 연인사이라면 한때는 좋을 수 있고 보조주기능음파수에 5, 6이

있으면 마찰은 적어진다. 당신이 남자라면 관용과 이해로써 부드러운 마음
으로 생활하면 큰 불행은 면할 수 있다. 그러나 상대방의 7, 8 음파수가 역
기능하면 불행을 면할 수 없다.

• 상대방의 핵심주기능음파수가 9나 0이면

9, 0 음파수가 4 음파수를 직접 역기능하므로 매사에 어긋나고 불안하
며 서로 화합하지 못하고 많이 다투며 이별하게도 된다. 만약 보조주기능
음파수에 1, 2가 있으면 심한 갈등과 더 큰 불행을 피할 수 있다. 특히 당
신이 남자라면 연애할 때는 좋으나 결혼하면 불행과 이별의 슬픔을 겪을
수 있다.

5. 핵심주기능음파수가 5일 때

• 상대방의 핵심주기능음파수가 1이나 2이면

서로 역기능하는 음파수이며 특히 5 음파수는 이기적이며 타산적인 면이 있으므로 항상 당신의 욕심이 둘 사이에 금이 가게 하는 원인이 될 것이다. 부부사이에도 마찬가지이기 때문에 받으려고만 하면 다툼과 불화가 많으나 배려하고 베풀 줄 아는 마음을 가지고 있으면 화목한 관계가 유지될 수 있다. 특히 당신이 남자이면 부부가 될 경우 이별할 수도 있다.

• 상대방의 핵심주기능음파수가 3이나 4이면

서로 순기능하는 관계이므로 무난한 사이가 되지만 당신이 신중하게 행동하기를 원하며 세심하고 철저한 사고방식을 가지기를 요구하므로 때로는 당신의 행동에 따라서 심한 충돌과 불화가 생길 수 있다. 그러나 당신이 부딪치지만 않는다면 이별은 피할 수 있다. 그러나 남녀 모두 3, 4 음파수 특성상 부부인연은 없다.

• 상대방의 핵심주기능음파수가 5나 6이면

같은 음파수로서 같은 특성을 가지고 있으며 서로의 고집을 버리고 이해하면 좋은 사이가 된다. 그리고 돈 때문에 불편을 느끼지 않는다. 작은 갈등은 있으나 무난한 사이의 만남이다. 그러나 당신이 남자이고 상대방이 5 음파수일 경우에는 서로의 고집과 주장으로 마찰과 갈등이 심해져 이별할 수도 있다.

• 상대방의 핵심주기능음파수가 7이나 8이면

서로 순기능하는 만남으로 돈과 명예를 함께 누릴 수 있다. 이상적인 관계이며 서로 이해하고 사랑하며 필요한 것을 도와주는 좋은 인연이다. 그러나 당신이 남자이고 상대방이 7 음파수일 경우에는 연애할 때는 좋으나 부부가 되면 이해와 관용이 없으면 불행해질 수도 있다.

• 상대방의 핵심주기능음파수가 9나 0이면

서로 역기능하는 만남으로 서로의 주장이 다르고 화합하지 못하며 불평 불만이 많아 다툼과 불화로 인해 마침내 파탄으로 가는 관계이지만 만약 남자가 음파수 5이면 여자가 참고 이해하므로 다소의 풍파가 있어도 크게 문제될 것은 없으나 미래를 예측할 수 없다.

6. 핵심주기능음파수가 6일 때

• 상대방의 핵심주기능음파수가 1이나 2이면

서로 역기능하는 관계로 힘든 만남이며 당신의 욕심이 지나쳐서 상대방을 무시하는 경향이 있으므로 자주 다투게 되며 마침내 이별할 수도 있다. 상대방이 당신의 행동을 구속하지 않고 이해로 감싸주면 좋은 관계가 유지되고, 당신이 여자라면 참고 견뎌야만 무난한 관계가 될 수 있고 음파수 3, 4가 핵심부기능음파수에 있으면 무난할 수도 있다.

• 상대방의 핵심주기능음파수가 3이나 4이면

서로 순기능하는 만남으로 무난하며 주위 사람들의 부러움을 사며 행복한 관계의 음파수 만남이다. 그러나 당신이 여성이고 상대방이 남자일 경우에는 고통이 따른다.

• 상대방의 핵심주기능음파수가 5나 6이면

같은 음파수로서 서로 이해할 수 있는 좋은 관계이다. 그러나 둘 다 현실적이고 이기적인 경향이 있어 자기주장이 강하게 되면 오히려 불행한 결과를 만들 때도 있다. 그러므로 서로가 양보하고 이해하며 배려하는 마음을 가져야 한다.

• 상대방의 핵심주기능음파수가 7이나 8이면

순기능하는 이상적인 음파수의 만남으로 서로 보살피고 도와줄 수 있는 좋은 관계로 원만하며 특히 상대방이 여자이고 당신이 남자일 경우에는 좋은 연인사이나 부부사이가 될 수 있다.

음파수가 서로 역기능하는 관계이므로 불행한 일이 많고 성격이 맞지 않아 의견 충돌이 자주 생기며 이별할 수도 있지만 음파수 7, 8이 보조주기능음파수에 있으면 무난한 사이가 된다. 상대방이 여자일 경우에는 모성애를 발휘하여 무난하게 지낼 수도 있다.

7. 핵심주기능음파수가 7일 때

• 상대방의 핵심주기능음파수가 1이나 2이면

서로 역기능의 만남으로 성격차이가 나며 의견 충돌이 많아지고 불화가 자주 생겨 심하면 서로 이별하게도 된다. 특히 당신이 여자이고 상대방이 남자일 경우에는 헤어지기 쉽고 부부사이는 이별할 수 있다. 친구사이의 관계도 원만한 관계를 유지하지 못하고 서로 이별하기 쉬우므로 당신이 지나치게 직선적인 언어를 사용한다든지 과격하게 행동하는 것은 삼가는 것이 좋다.

• 상대방의 핵심주기능음파수가 3이나 4이면

자존심과 명예를 존중하는 두 음파수가 역기능하는 만남으로 서로 지지 않으려는 고집과 독선은 파탄과 불행한 결과를 가져오고 이별하게 된다. 당신이 남성이면 인내심을 가지고, 상대방이 여자이면 이해심을 가져 양보하고 후퇴하며 서로 상대를 존중할 때 행복해질 수 있다. 음파수 5, 6이 보조주기능에 있으면 불행을 막을 수도 있다.

• 상대방의 핵심주기능음파수가 5나 6이면

서로 순기능의 관계로 만났으므로 항상 무난한 인연이라 하겠다. 그러나 당신이 여자이고 상대방이 남자일 경우에는 이별할 경우도 있다. 보조주기능음파수에 음파수 1, 2가 있으면 불화가 생기고 어려움이 생길 수 있다.

• 상대방의 핵심주기능음파수가 7이나 8이면

서로 같은 음파수끼리 만났으므로 음파수의 특성상 자존심이 강하며 어느 정도의 충돌은 있지만 서로가 이해하고 양보하는 마음만 가진다면 대체로 무난한 관계가 지속될 것이다. 그러나 상대방이 7 음파수이고 남자일 경우에는 남자 7 음파수 특성상 이별할 수도 있다.

- 상대방의 핵심주기능음파수가 9나 0이면

서로 행복한 순기능의 음파수끼리의 만남이므로 원만하고 좋은 관계를 유지하고 별 탈이 없는 만남이다. 당신이 여자일 경우 강한 성격적 특성으로 인내심과 이해심이 필요로 한다.

8. 핵심주기능음파수가 8일 때

• 상대방의 핵심주기능음파수가 1이나 2이면

서로 역기능하는 만남으로서 성격차이가 뚜렷하며 마찰이 많고 의견이 일치되지 않고 충돌이 많으며 불행하게 되기 쉽다. 서로의 성격을 이해하고 절충하여 조화를 이루면 원만한 관계를 유지해 나갈 것이다. 음파수 9, 0이 보조주기능음파수에 있으면 마찰과 충돌은 있지만 무난하게 넘어갈 수도 있다. 그러나 상대방이 남자일 경우에는 이별하기 쉽다.

• 상대방의 핵심주기능음파수가 3이나 4이면

서로 역기능하는 관계이므로 서로 이해하는 것이 중요하다. 특히 당신의 아량과 관용이 행복과 불행을 좌우하게 된다. 당신이 즉흥적이고 직선적이기 때문에 다툼이 많은 만남이다. 상대방은 완벽주의자이고 자존심이 강해 서로의 이해가 없으면 이별하게 된다.

• 상대방의 핵심주기능음파수가 5나 6이면

서로 순기능하는 좋은 만남이다. 당신이 여자이고 상대방이 남자이면 더욱 행복한 관계가 유지된다. 이 만남은 주위의 부러움을 사고 즐거우며 행복 할 것이다. 그러나 상대방이 5 음파수이고 남자이며 부부사이일 경우에는 남자로 인하여 고통을 당할 수도 있다.

• 상대방의 핵심주기능음파수가 7이나 8이면

같은 특성의 좋은 만남이므로 서로 이해하고 인내심만 가지면 행복한 관계가 유지되며 설사 충돌이 생겨도 성격 특성상 오래가지 않고 곧 풀어진다. 서로서로 자존심을 존중하는 마음만 보이면 서로에게 돌아오는 기쁨과 보람이 많으며 행복한 관계를 유지할 것이다.

- 상대방의 핵심주기능음파수가 9나 0이면

서로 순기능하는 만남이므로 좋은 관계를 유지한다. 상대방의 모성애는
당신을 이해하고 봉사하려는 마음이 넓다. 항상 서로 돕고 이해하는 자세
만 갖는다면 부러울 게 없는 만남이다.

9. 핵심주기능음파수가 9일 때

• 상대방의 핵심주기능음파수가 1이나 2이면

서로 순기능하는 만남으로서 마음과 뜻이 통하므로 서로 의논할 수 있는 좋은 만남이다. 당신의 너그러운 희생정신과 상대방의 창조성과 적극성이 서로 조화를 이루어 좋은 관계가 좋은 결과를 가져온다. 단 상대방이 남자일 경우에 부부는 불행을 겪을 수 있다.

• 상대방의 핵심주기능음파수가 3이나 4이면

서로 역기능 관계의 만남으로 의견 충돌과 대립이 많고 성격차이로 상대방을 미워하게 되어 이별하게도 된다. 그러나 당신의 이해와 너그러운 마음, 깊은 생각에 따라 좋은 관계를 유지할 수도 있다. 상대방은 항상 비판적이고 반발심이 강한 만큼 당신의 인내를 필요로 한다. 단, 부부관계일 경우에는 이별하기 쉽다.

• 상대방의 핵심주기능음파수가 5나 6이면

서로 역기능하는 관계의 만남으로 서로 의견차이가 뚜렷하고 다툼이 있으며 불행한 관계가 유지되며 이별할 수도 있다. 상대방은 당신에게 유리하도록 조언하는 것이므로 당신의 마음에 따라 결과는 달라질 수 있다. 당신이 여자일 경우에 참고 견디며 이해한다면 좋은 관계가 성립된다.

• 상대방의 핵심주기능음파수가 7이나 8이면

서로 순기능하는 만남이다. 그러나 상대의 급진적이고 강인한 성격과 당신의 개혁적인 면과 뒤집는 성격 때문에 잘 융화되기 힘든 음파수의 만남이다. 부부사이라면 서로 이해하는 마음으로 원만한 관계를 유지할 수 있다. 그러나 상대방이 여자이고 7 음파수이며 부부사이이면 여자로 인해 어려움을 겪을 수 있다.

• 상대방의 핵심주기능음파수가 9나 0이면

같은 특성의 만남으로 무난한 관계를 유지하게 된다. 그러나 서로가 최상인의 긍지를 가지고 있으므로 서로서로 존중하고 이해하는 마음이 행복한 관계를 계속 유지할 수 있을 것이다. 특히 당신이 여자일 경우에는 자녀문제로 인해 애로가 생길 수도 있다.

10. 핵심주기능음파수가 0일 때

• 상대방의 핵심주기능음파수가 1이나 2이면

서로 순기능의 좋은 만남으로 사이가 좋고 원만한 관계를 유지할 수 있다. 그러나 당신의 최상인의 특성과 상대방의 독자적인 창조성이 사소한 다툼으로 이어져 오히려 더욱 다정한 사이를 만들어 주는 계기가 되기도 하고 이별을 초래하기도 한다. 상대방이 남자이고 부부사이일 경우에는 이별할 수가 있다.

• 상대방의 핵심주기능음파수가 3이나 4이면

서로 역기능하는 만남으로 불행을 겪을 수 있다. 그러나 당신이 고집과 독선을 버리고 넓은 아량으로 상대를 포용하면 원만하고 행복한 생활을 누릴 수 있다. 상대방이 여자이고 부부일 경우에는 이별을 초래할 수 있다. 다만 당신이 이해와 노력과 정성을 얼마나 쏟느냐에 달려 있다.

• 상대방의 핵심주기능음파수가 5나 6이면

서로 역기능하는 만남으로 다툼이 있다. 그러나 서로의 의사를 존중하면 충돌을 피할 것이다. 상대방의 이기심과 타산적인 행동을 이해하여야 한다. 또한 당신의 고지식한 성격과 상대방의 욕심과 고집을 버리면 다정하고 부러운 사이가 될 것이다.

• 상대방의 핵심주기능음파수가 7이나 8이면

서로 순기능하는 좋은 만남이다. 그러나 상대방의 조급한 성격과 과격한 행동을 당신이 얼마나 이해하느냐에 따라 행·불행이 좌우된다. 상대방의 계속적인 단순하고 과격한 행동은 충동과 이별을 초래한다. 그러나 대부분은 서로 좋은 관계가 유지되고 행복한 사이가 된다. 그러나 상대방이 여자이고 7 음파수일 경우 애로가 생길 수 있다.

• 상대방의 핵심주기능음파수가 9나 0이면

서로 같은 음파수끼리의 만남이므로 원만하고 다정한 사이 같지만 최상인이라는 특성상 내면적으로 질투와 시기가 도사리고 있다. 특히 친구사이나 부부사이라 하더라도 겉과 속이 다른 관계가 유지되며 서로가 상대방의 속내를 알 수 없다. 그러나 서로 존중하고 타산적인 습성과 이기심만 버린다면 원만하고 좋은 사이가 될 것이다. 특히 상대를 배려하는 마음을 가져야 한다.

제11장 한글음파이름과 세계 이름

1. 한글음파이름과 세계 이름

한글은 소리로 구성되어 있으므로 우주만물의 사물을 소리로 표현할 수 있다. 우주만물은 진동한다. 진동하게 되면 소리가 난다. 다만 우리의 청각으로 들리지 않을 뿐이다. 이러한 소리가 날 때 엄청난 에너지가 발산한다. 한글음파이름은 세계 모든 사물의 이름과 명칭을 표현할 수 있고 또한 세계인의 이름을 표현할 수 있다. 한글음파이름은 음파를 중심으로 하여 그 이름이 가진 뜻과 역할을 담고 있으므로 세계 어느 나라 사람이든 세계 어느 나라 명칭이든, 상호, 브랜드에 상관없이 그 사람의 출생 연도와 그 회사의 창립 연월일과 대표자의 출생 연도에 맞추어 감정하거나 작명이 가능하다.

영어의 알파벳이나 일본의 가타카나/히라가나, 독일어, 러시아어 및 중국어 등 어느 나라의 문자나 글자도 발음상으로 보면 한글의 어금닛소리, 혓소리, 목구멍소리, 잇소리, 입술소리에 포함되어 있다. 한글의 자음에 포함되어 있으며 모음과 연결되어 어떠한 소리도 발음할 수 있다. 그 소리에는 음파가 작용하는 것이다.

그러므로 세계 이름을 영어나 세계 각 나라의 어려운 문자와 글자를 사용하지 말고 한글로 발음하여 소리나는 대로 한글로 적으면 우주만물에 존재하는 세계 어떠한 이름도 표현할 수 있고 이를 부를 수 있으며 부르는 세계 이름 속에는 무서운 에너지가 발산하므로 이를 분석하면 과거, 현재, 미래를 예측할 수 있다.

2. 한글소리와 영어소리

글자에는 소리글과 뜻글이 있다. 소리글의 대표적인 것이 한글과 영어이며, 뜻글의 대표적인 것이 한문이다. 그러나 소리글에도 뜻과 의미를 담고 있으며 뜻글도 소리를 통하여 표현된다. 대표적인 소리글인 한글소리와 영어소리 중 한글이 더 과학적이고 정확하다. 예를 들면 한글은 한가지 발음만 나고 한가지로만 표현되지만 영어는 여러 가지로 발음될 수 있다. 한글의 자음은 모음과 만나 어떤 자리, 어떤 위치에, 어떤 낱말과 부딪혀도 두음법칙과 연음법칙을 제외하고는 한가지 소리만 나지만 영어는 어떤 자리, 어떤 위치, 어떤 낱말이냐 단어냐에 따라 다르게 표현된다.

예를 들어 한글의 '아' 나 '오' 는 어디서나 어떤 낱말이나 단어와 만나도 '아' 나 '오' 로의 소리로만 발음된다. 그러나 영어의 'A' 나 'U' 는 앞뒤로 만나는 단어나 낱말의 조합에 따라 'A' 는 '아, 어, 에이' 등으로 발음되며 또한 'U' 는 '유, 어, 아' 등으로 발음된다. 그러므로 영어뿐만 아니라 독일어, 프랑스어, 러시아어, 스페인어 등 세계 어느 나라 글자보다 한글의 소리가 정확하게 발음되는 모든 언어를 표현할 수 있으므로 세계 어느 나라의 이름도 소리나는 대로 한글로 적어 감정하고 판단하는 것이 정확하다.

한글소리와 영어소리를 글자로 표현하면 한글은 자음을 중심으로 다섯 가지로 구분하는데, 어금닛소리(ㄱ, ㅋ), 혓소리(ㄴ, ㄷ, ㄹ, ㅌ), 목구멍소리(ㅇ, ㅎ), 잇소리(ㅅ, ㅈ, ㅊ), 입술소리(ㅁ, ㅂ, ㅍ)로 표시하고 모음과 만나 다양하게 발음된다.

영어는 다섯 가지로 구분하여 알파벳으로 표현하는데 목구멍소리(A, E,

F, H, I, O, U, W, Y), 어금닛소리(C, G, K, Q), 혓소리(D, L, N, R, T), 잇소리(C, J, S, X, Z), 입술소리(B, F, M, P, V)로 구분하며 C와 G같이 중복되는 글자는 다음에 오는 글자나 단어에 따라 발음이 바뀔 수 있고 K와 같이 첫글자가 소리가 나지 않는 알파벳이 있을 경우도 있다. 그러므로 영어소리는 알파벳으로 판별하기보다 발음부호로 소리를 판별하는 것이 정확하다.

참고로 영어를 발음부호로 분류해보면 어금닛소리(g, k), 혓소리(d, r, l, n, t, ð) 목구멍소리(æ, e, ɛ, ə, ʌ, f, h, w, i, j, ŋ, o, u, ɔ), 잇소리(ʒ, ʤ, s, ʃ, ʧ, θ, z), 입술소리(b, f, m, p, v)이다.

한글, 영어, 일본어의 5대 소리는 다음과 같다. 참고로 하기 바란다.

【도표34】

5대소리 구분	한글	영어		일어
		알파벳	발음기호	
어금닛 소리	ㄱ, ㅋ	C, G, K, Q	g, k	カキクケコ ガギグゲゴ
혓소리	ㄴ, ㄷ, ㄹ, ㅌ	D, L, N, R, T	d, t, ð l, r, n	タチシテトダヂ ジデドナニヌネ ノラリルレロ
목구멍 소리	ㅇ, ㅎ	A, E, F, H, I, O, U, W, Y	a, æ, e, ɛ, ə, ʌ, f, h, w, i, j, ŋ, o, u, ɔ	アイウエオハヒ フヘホヤユヨワ ン
잇소리	ㅅ, ㅈ, ㅊ	C, J, S, X, Z	ʤ, ʒ, s, ʃ, ʧ, θ, z	サシスセソ ザジズゼゾ
입술소리	ㅁ, ㅂ, ㅍ	B, F, M, P, V	p, f, b, m, v	バビブベボ パピプペポ マミムメモ

〈영어 알파벳 음파수 조견표〉

【도표35】

소리 / 10진법	어금닛소리 C, G, K, Q	혓소리 D, L, N, R, T	목구멍소리 A, E, F, H, I, O, U, W, Y	잇소리 C, J, S, X, Z	입술소리 B, F, M, P, V	12진법	10진법
0	7, 8	5, 6	3, 4	1, 2	9, 0	잔나비	0
1	8, 7	6, 5	4, 3	2, 1	0, 9	닭	1
2	9, 0	7, 8	5, 6	3, 4	1, 2	돼지	2
3	0, 9	8, 7	6, 5	4, 3	2, 1	쥐	3
4	1, 2	9, 0	7, 8	5, 6	3, 4	범	4
5	2, 1	0, 9	8, 7	6, 5	4, 3	토끼	5
6	3, 4	1, 2	9, 0	7, 8	5, 6	뱀	6
7	4, 3	2, 1	0, 9	8, 7	6, 5	말	7
8	5, 6	3, 4	1, 2	9, 0	7, 8	용/개	8
9	6, 5	4, 3	2, 1	0, 9	8, 7	소/양	9

〈영어 발음기호 음파수 조견표〉

【도표36】

소리 / 10진법	어금닛소리 g, k	혓소리 d, t, ð l, r, n	목구멍소리 a, æ, e, ɛ, ə, ʌ, f, h, w, i, j, ŋ, o, u, ɔ	잇소리 ʤ, ʒ, s, ʃ, ʧ, θ, z	입술소리 p, f, b, m, v	12진법	10진법
0	7, 8	5, 6	3, 4	1, 2	9, 0	잔나비	0
1	8, 7	6, 5	4, 3	2, 1	0, 9	닭	1
2	9, 0	7, 8	5, 6	3, 4	1, 2	돼지	2
3	0, 9	8, 7	6, 5	4, 3	2, 1	쥐	3
4	1, 2	9, 0	7, 8	5, 6	3, 4	범	4
5	2, 1	0, 9	8, 7	6, 5	4, 3	토끼	5
6	3, 4	1, 2	9, 0	7, 8	5, 6	뱀	6
7	4, 3	2, 1	0, 9	8, 7	6, 5	말	7
8	5, 6	3, 4	1, 2	9, 0	7, 8	용/개	8
9	6, 5	4, 3	2, 1	0, 9	8, 7	소/양	9

〈일어 음파수 조견표〉

【도표37】

소리 10진법	어금닛소리 カキクケコ ガギグゲゴ	헛소리 タチシテト ダヂジデド ナニヌネノ ラリルレロ	목구멍소리 アイウエオハ ヒフヘホヤユ ヨワン	잇소리 サシスセソ ザジズゼゾ	입술소리 バビブベボ パピプペポ マミムメモ	12진법	10진법
0	7, 8	5, 6	3, 4	1, 2	9, 0	잔나비	0
1	8, 7	6, 5	4, 3	2, 1	0, 9	닭	1
2	9, 0	7, 8	5, 6	3, 4	1, 2	돼지	2
3	0, 9	8, 7	6, 5	4, 3	2, 1	쥐	3
4	1, 2	9, 0	7, 8	5, 6	3, 4	범	4
5	2, 1	0, 9	8, 7	6, 5	4, 3	토끼	5
6	3, 4	1, 2	9, 0	7, 8	5, 6	뱀	6
7	4, 3	2, 1	0, 9	8, 7	6, 5	말	7
8	5, 6	3, 4	1, 2	9, 0	7, 8	용/개	8
9	6, 5	4, 3	2, 1	0, 9	8, 7	소/양	9

3. 한글음파로 보는 세계 이름

세계 이름(상호, 상표(브랜드), 애칭, 약칭 등)이나 세계인의 이름을 어렵고 잘 이해되지 않는 세계 각국의 글자로 해석하려고 하지 말고 한글로 옮겨 적어서 한글음파이름학 이론에 의하여 세계이름을 분석하고 설명하는 것이 더 정확하고 쉽다. 단, 주의해야 할 사항은 한국식으로 발음하지 말고 그 나라 발음나는 대로 한글로 적어야 한다는 것이다. 특히 뜻글인 한자를 사용하는 나라는 더욱 그러하다.

예를 들어 일본의 동경(東京)을 일본에서 일본사람에게 동경이라고 부르면 무슨 말인지 알아듣지 못할 것이다. 이는 동경이라 하지 말고 '도오꾜'라고 불러야 일본 사람이 알아들을 것이다. 또한 전(田)씨에게 전씨하고 부르면 알아듣지 못할 것이다. '다나까' 라고 불러야 알아듣는다. 그리고 풍신수길(豊臣秀吉)을 풍신수길로 표기하고 부르면 일본 사람들은 알아듣지 못한다. 풍신수길을 '도요토미 히데요시' 라는 일본식 발음으로 표기하고 불러주어야 알아듣는다.

중국의 북경에서 중국사람에게 북경이라고 하면 무슨 말인지 알아듣지 못한다. 그러나 '베이징' 이라고 하면 쉽게 알아듣는다. 또한 등소평(鄧小平)을 중국 사람들에게 등소평이라고 말하면 못 알아듣는다. 그러나 중국어 발음으로 '덩 샤오핑' 하고 부르면 중국 사람들이 쉽게 알아듣는다. 그러나 미국의 존 F 케네디 대통령의 이름은 미국이든 영국이든, 한국, 일본, 중국이든, 또는 영어권이든 불어권이든, 한자권이든 약간의 발음상의 차이는 있지만 모든 사람들이 존 F 케네디로 부른다. 그러므로 한자권의 국가들 특히 중국, 일본, 대만 등의 동양권 나라들은 명칭, 상호, 이름을 현지 발음으로 불러주어야 한다. 또한 지역이나 나라마다 같은 이름이라도 발음이 약간씩 다르므로 세심한 주의가 필요하다. 외국인은 유명한 사람일수록 크면서 성을 많이 부르게 된다. 어릴 때 이름은 약칭, 애칭 등을 많이 사용하므로 실제로 정확한 자료를 파악하기 어려우며 그 지역마다 방언이 있으므로 지역에서 부르는 정확한 발음을 알기 어려운 점이 있다.

또한 옛날 인물에서도 아명, 초명, 자, 호, 택호 등 많은 이름 중에서 그 사람이 실제로 무엇을 많이 불렀는지 정확한 자료를 얻기 어렵고 어릴 때 부르는 이름이 다양하기 때문에 정확한 음파에너지를 알기 힘들다. 이 책에서는 외국인과 옛날 인물에 관해서 문헌상 드러난 자료에 바탕을 두고 해석하였으므로 앞으로 더 정확한 자료를 수집하여 해설할 필요가 있겠다.

4. 세계 이름 해설

세계 각국의 나라이름이나 지명, 상호, 상표, 브랜드 등의 명칭을 현지 발음으로 업종 및 내용과 창업 연월일이나 대표자의 출생 연도에 따라 볼 수 있다. 창업 연도나 대표자의 출생 연도를 모르면 세계 이름만 가지고 순기능과 역기능으로 구분하여 50%를 볼 수 있다. 단, 세계 이름을 볼 때 주의해야 할 것은 외국의 명칭 중에서는 매우 긴 단어로 형성되어 있는 것이 있다. 이것은 가장 많이 부르는 대로 혹은 약칭이 있으면 약칭대로 한글로 적어 음파수를 찾아 해설해야 한다. 특히 첫글자의 소리를 중요시해야 한다.

▶ 나라이름(순기능)

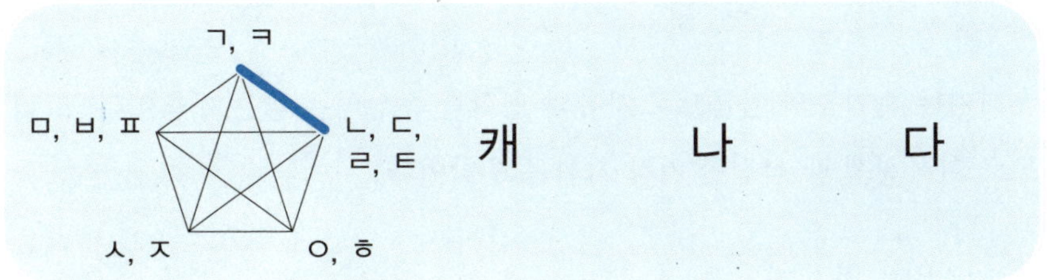

캐나다(카나다)는 순기능의 이름으로 지은 좋은 나라이름이다. '캐(카)'에서 '나', 그리고 '다' 모두가 순기능한다. 그러므로 캐나다 국민들도 대체로 성실하고 착하며 좋은 성격을 가지고 있다. 그러나 한곳에 치우쳐 있는 것이 단점이다.

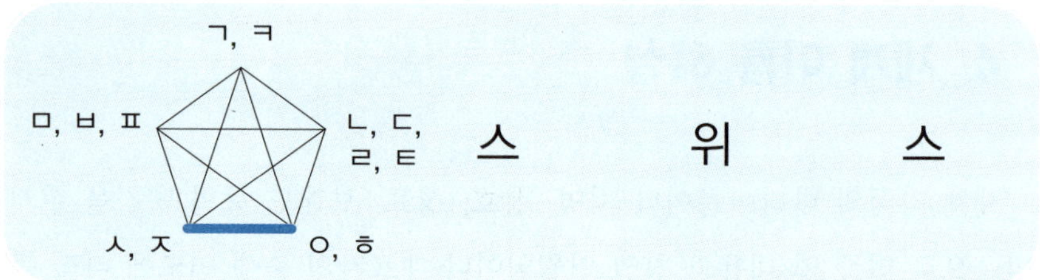

스위스는 순기능의 이름으로 국민 역시 착하고 선하며 자유와 평화를 상징하는 좋은 이름이다.

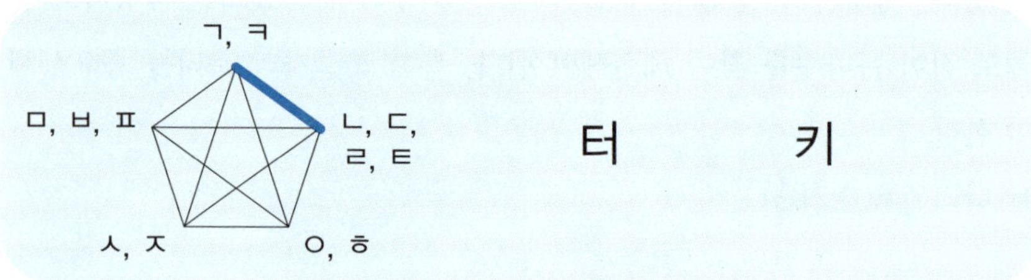

터키는 순기능의 이름으로 자유와 평화를 숭상하는 좋은 이름이다. 그러므로 한국전쟁 때 참전한 가장 가까운 우방이다.

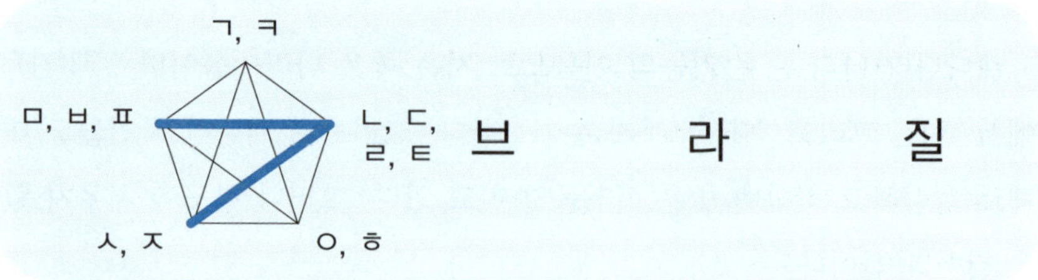

브라질은 역기능의 이름으로 개척과 창조정신이 강하고 흥망성쇠의 변화가 많은 나라이름이다.

256

▶ 도시이름(역기능)

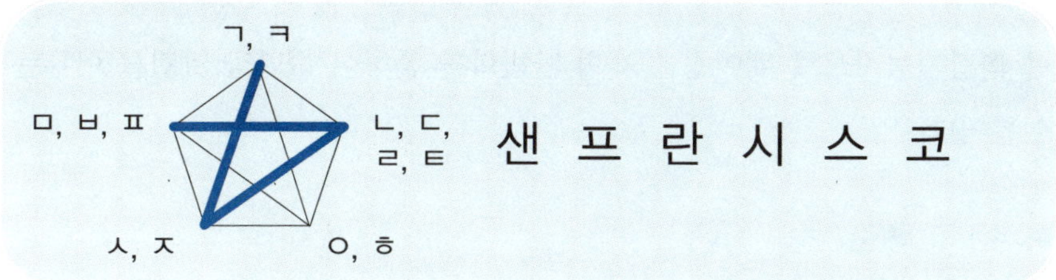

샌프란시스코 이름은 역기능이 많은 이름으로서 좋고 나쁨이 교차되는 도시이름이다. 그러므로 한때는 부흥하나 시들해지는 흥망성쇠가 나타나는 이름이다.

▶ 상호(홀)이름(순기능)

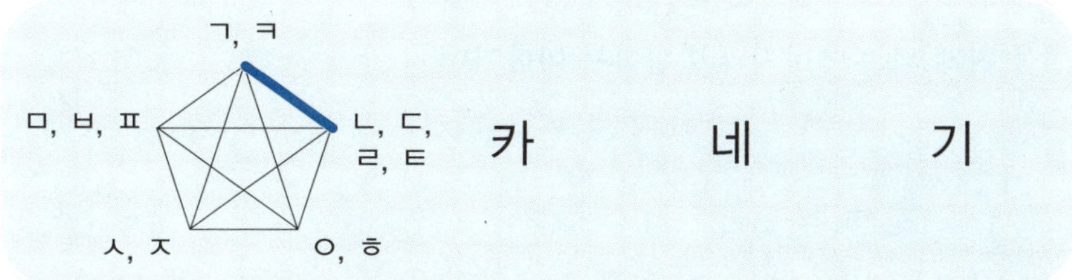

미국의 카네기홀의 이름은 순기능의 이름이므로 생명력이 있고 오랜 기간 명성을 누릴 수 있는 좋은 이름이다.

▶ 수도이름(화합기능)

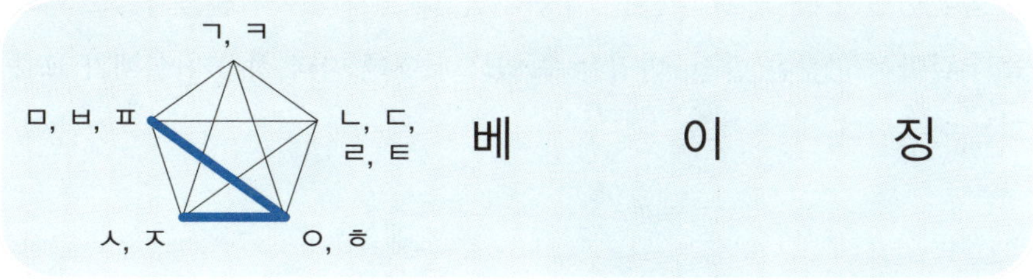

중국의 북경은 원주민의 발음으로 베이징이라 하며 베이징의 음파이름

은 화합기능하므로 베이징은 개혁과 변화를 통하여 화합과 발전을 이루는
이름이다.

▶ 수도이름(순기능)

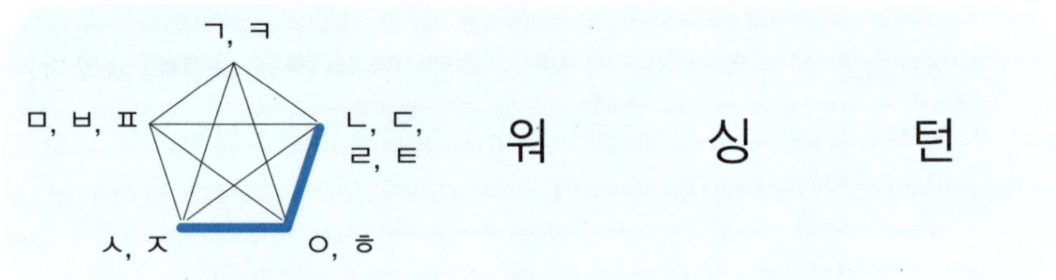

미국의 수도 워싱턴은 순기능의 이름으로 세계 정치의 중심부로서의 역
할을 하게 되는 에너지가 발산하는 이름이다.

▶ 수도이름(열등기능)

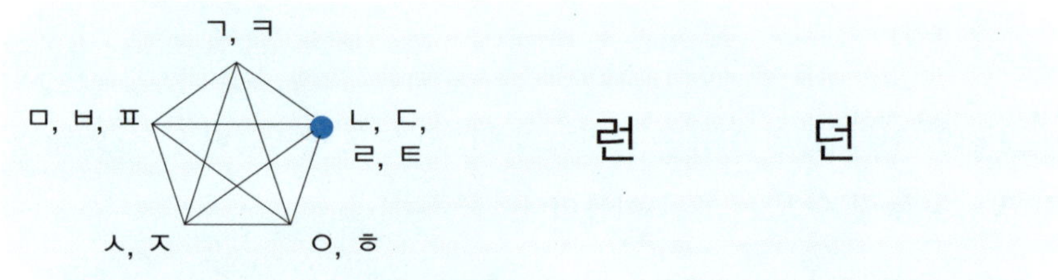

영국 런던의 한글음파이름은 열등기능, 즉 제자리에서 발음되므로 역기
능과 같아서 한곳은 발전, 번영할 수 있으나 때에 따라 성공과 실패가 교차
되는 이름이다.

5. 외국인의 이름해설

세계 각국의 외국인 이름을 해설하는 데도 어려운 그 나라의 글자를 사용하려고 하지 말고 쉽고 익숙한 한글로 소리나는 대로 표기하여 해설하는 것이 정확하게 해설할 수 있는 방법이다. 외국인의 이름도 출생 연도를 알면 외국인의 음파수를 찾을 수 있고 정확한 해설을 할 수 있다. 더욱 상세하고 정확하게 알고자 한다면 외국인 자신은 물론 가족, 즉 배우자, 직계 부모님, 조부모님, 자녀, 손자녀 등을 알고 어디서 태어났고 무엇을 했느냐를 알면 더욱 정확하게 분석할 수 있다. 그러나 이러한 사항들을 전혀 모르고 출생 연도마저 모르면 외국인 이름하나만으로도 순기능과 역기능을 따져 좋다, 나쁘다 하는 판단을 50%는 할 수 있다.

외국인 이름을 해설할 때 주의해야 할 것은 성과 이름의 어순이 우리나라와 다르고 긴 단어가 있을 경우 전체는 참고로 하고 가장 많이 불려지는 소리를 중심으로 해설해야 하며 특히 첫글자 소리를 중심으로 해설해야 한다.

▶ 남자이름/역기능

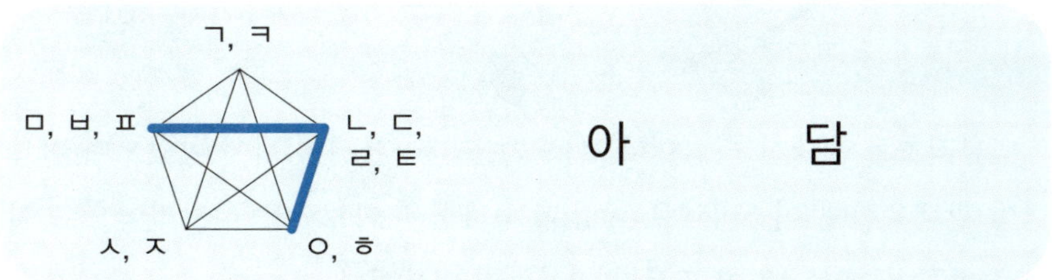

인류 최초의 이름이며 남성이다. 인류의 조상인 아담의 이름은 역기능으

로 되어 있다. 그러므로 하나님의 명령을 거역하고 뱀의 유혹으로 선악과
를 따먹어 낙원에서 추방되어 인간에게 원죄를 짓게 하였다.

▶ 여자이름/역기능

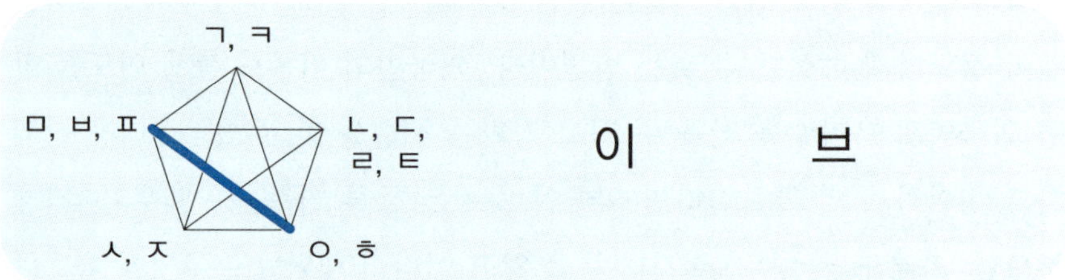

　창세기에 나오는 인류 최초의 여성인 이브 이름은 역기능으로 되어 있
다. 그러므로 금지된 선악과를 따먹고 신의 노여움을 사서 아담과 함께 에
덴동산에서 추방되었고 인간에게 원죄를 짓게 했고 후에 카인과 아벨을 낳
았다.

▶ 최초개명자/역기능

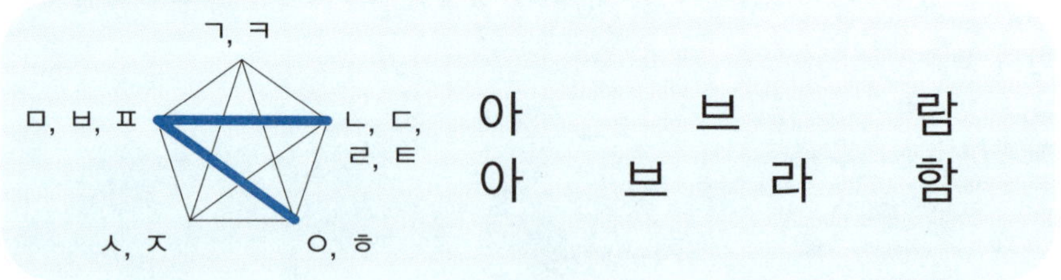

　인류최초로 개명한 사람이다. 아브람은 데라가 칠십세에 낳았으며 아브
람이 팔백육십에 이스마엘을 낳았고 하나님은 아브람을 아브라함으로 이
름을 바꾸어주었는데 이 모두가 역기능의 이름이다.

　아브람은 아와 브에서도 역기능이고 브에서 람도 역기능이며 람도 역기

능이다. 모두가 역기능인 것이다. 인간의 원죄를 그대로 안고 있는 음파이름이다.

그러나 아브라함은 아와 브가 역기능이고 브와 라도 역기능이며 라와 함은 순기능이고 함 자체는 역기능이다. 그러므로 아브람의 음파이름은 모두가 역기능이지만 아브라함은 전반기는 역기능이고 후반기는 순기능도 있으므로 좋은 음파로 개명하여 인간에게 원죄를 참회하고 회개하게 하여 거듭 태어나도록 새로운 기회를 준 음파이름으로 개명된 것이다.

▶ 정치가(열등기능/제자리)

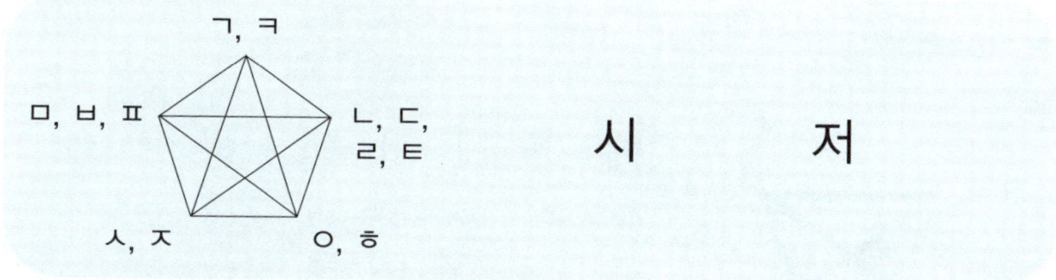

시저의 음파이름은 순기능과 역기능이 없는 열등기능, 즉 제자리에서 머무는 열등기능은 역기능과 같으며 한 음파만 집중되어 있다. 명예와 권력의 자리에서 권력을 잡는 이름이나 이에 안주하여 독재자가 될 수 있고 이로 인해 살권의 음파가 작용하여 죽음을 당할 수 있는 이름이다.

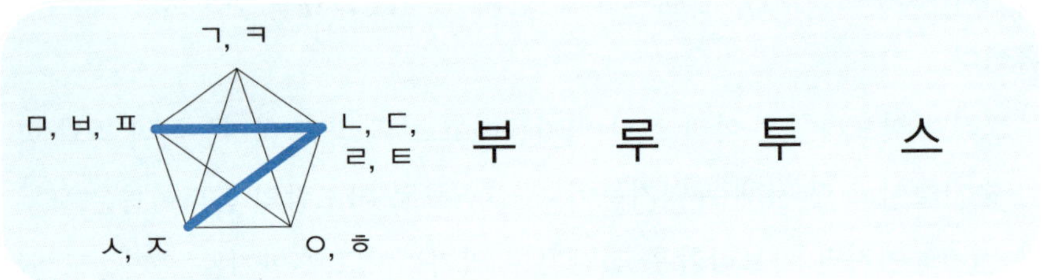

부루투스 음파이름은 말을 잘하는 음파수로 인해 유명한 웅변가가 될 수 있고 살권과 죽음의 음파수가 작용하는 역기능으로 인하여 시저를 죽일 수 있는 힘이 작용하게 된다.

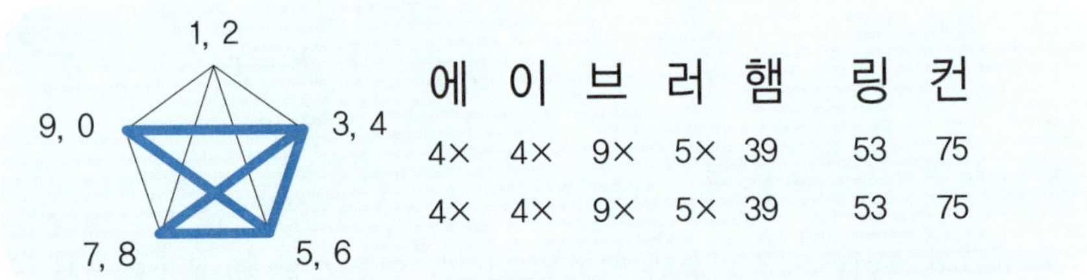

에이브러햄 링컨은 정신적 지도자로서 노예해방과 인권을 중요시하는 대통령으로 인류의 존경을 받는다. 그러나 음파수 4와 역기능이 많아 어릴 적부터 시련과 고난이 많이 따른다.

▶ John F. Kennedy(미국인/1917년생)

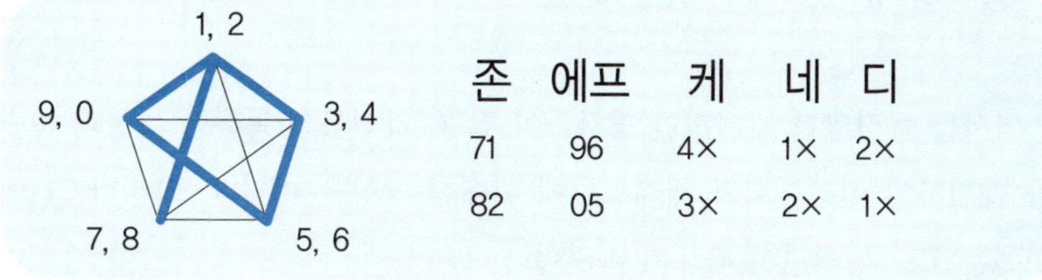

존 에프 케네디 대통령의 핵심주기능 7은 카리스마적인 권력으로 정권을 잡고 유지하나 7, 1 음파수가 칼이나 총에 맞아 암살당하는 에너지가 발산하여 불운을 당하게 된다.

▶ George Walker Bush(미국인 / 43대 대통령 / 1946년생)

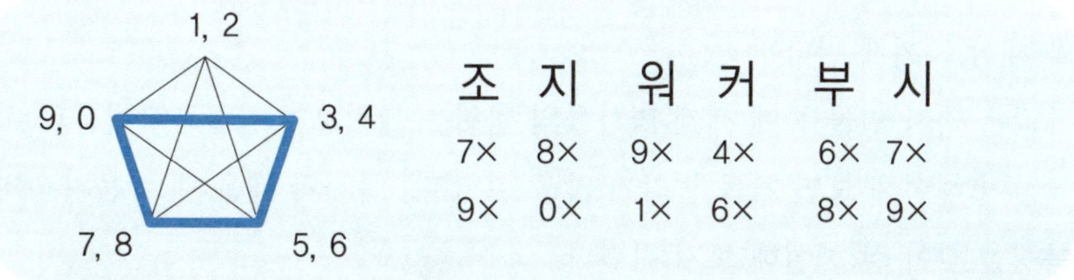

조지 워커 부시 대통령의 핵심주기능음파수 7의 특성은 명예, 살권, 권력 지향형이므로 미국의 자존심을 건드리면 전쟁도 불사하게 되고 보조주기능음파수 9는 창조, 변화, 개혁을 나타내므로 이 두 음파수의 상호작용으로 세계인의 반대에도 불구하고 이라크전쟁을 발발시켰다. 특히 주기능음파수 7, 8, 9는 강한 7 음파수의 특성이 나타나고 부기능음파수 9, 0, 1은 강한 9 음파수의 특징이 나타난다. 이뿐만 아니라 9 음파수와 4 음파수가 역기능하고 있어 파란과 불행이 예고되고 1 음파수와 6 음파수가 역기능하여 경제적 시련을 겪게 될 수도 있다.

6. 세계 명사 이름해설

역사를 움직였던 세계적인 명사들이 있다. 자신들의 독특한 특성과 능력을 발휘하여 인류사회와 세계평화에 지대한 영향을 미쳤다. 그러나 그 이면에는 고난과 시련이 따르기 마련이다.

이러한 삶을 살고 간 명사의 업적과 삶을 살펴보면 세계 명사들이 이름 음파수대로 살았고 그에 부응한 업적을 남겼다. 어떤 사람을 만나고 어떤 곳에서 어떤 일을 했느냐, 어떤 스승이나 사람을 만났으며 어떠한 시대적, 역사적 환경과 변화와 함께 했느냐에 따라 이름의 음파수에서 발생하는 에너지가 다양하게 나타나는 것을 보면 이름대로 산다는 말이 꼭 맞다는 것을 새삼 느끼게 된다.

많은 역사 인물 중에 세계 명사들의 업적을 살펴보며 한글음파이름과 비교하여 해설해 보면 거듭 놀라지 않을 수 없다. 독자가 배운 대로 음파수의 특징을 찾아 잘 해설해 보기 바란다.

주의할 것은 나라마다 지역마다 방언이 있고 발음이 다를 수 있으며 어릴 때와 성년이 되었을 때 불려지는 이름이 다르므로 세심한 주의가 필요하다.

▶ Barach de Spinoza (네덜란드 / 철학자 / 1632년생)

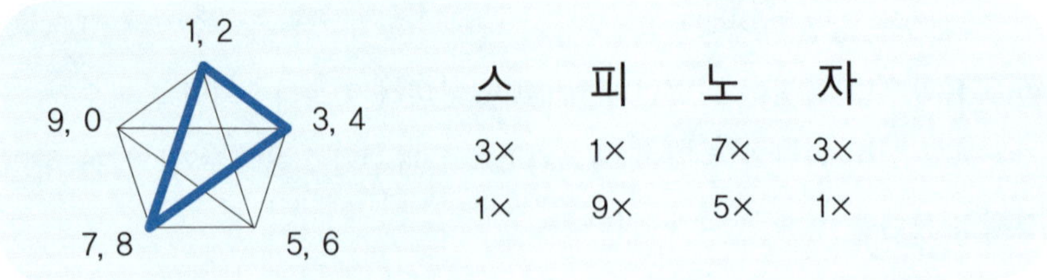

네덜란드의 철학자로서 종교인의 박해로 이주해온 유대인이 조상인 상인의 아들로 암스테르담에서 태어났다. 유대인 학교에서 히브리어와 탈무드, 성경 등을 배우다가 교리에 대한 의혹이 생겨 성경을 비판, 교단으로부터 혹독한 저주와 박해를 받았다. 그는 스콜라철학, 르네상스 철학을 연구하여 부르노, 특히 데카르트의 영향을 결정적으로 받았으나 그는 범신론을 전개하였다. 윤리학적으로 유일한 인간이 무한한 신과 합일함으로써 정신으로 완전한 능동의 상태, 즉 자유를 얻고 '신에 대한 지적 사랑' 에 도달하는 것이 최고의 성이며 덕이라고 하였다. 그는 하숙집 쓸쓸한 다락방에서 44세의 일기로 생애를 마쳤으며 "내일 세상이 망할지라도 나는 오늘 한 그루의 사과나무를 심겠다"는 말은 그의 성실한 정신을 잘 나타내준다.

스피노자의 핵심주기능음파수 3은 철학, 예술, 종교를 나타내면서 한편으로는 낙천적이고 성실한 면을 나타낸다. 그러나 음파수 1, 7, 3이 서로 역기능하므로 그 생이 고독하고 외로울 수밖에 없다. 또 부기능음파수 1, 9, 5, 1은 새로운 변화, 창조와 갈등은 물론 경제적 고통과 가난을 면하기 어렵다.

▶ Johann wolfgang Vou Goethe (독일 / 1749년생)

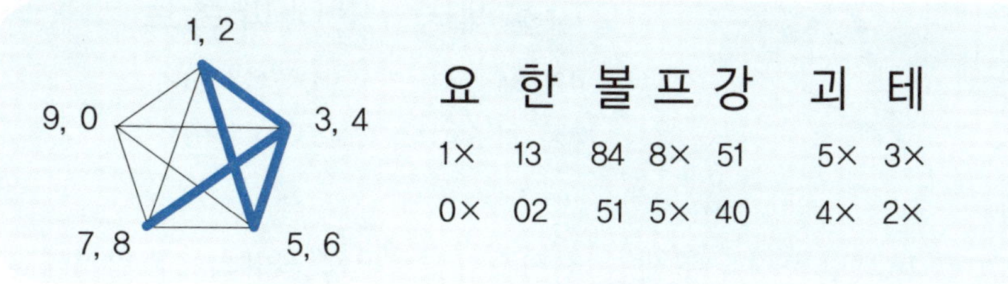

1749~1832년 독일의 최대 시인, 작가, 과학자, 정치가. 고전파의 대표

이며 1767년 병으로 고생하다 1770년 건강이 회복된 후 법학자가 되었고 목사의 딸을 연모하여 많은 서정시를 썼다.

괴테는 핵심주기능음파수 1과 음파수 1, 3이 종합기능을 이루어 강력한 4음파수의 에너지가 발산하여 예술, 예능에 뛰어나며 보조주기능음파수 0 이 2 음파수와 만나 강한 9 음파수의 에너지가 발산하여 창작, 문학에 소질이 있으므로 좋은 작품을 발표할 수 있었다. 7, 8이 있어 법학자와 정치가로서 명성을 얻을 수 있었으나 역기능하므로 좌절하게 되고 6음파수가 없어 부부운은 없으나 5음파수가 많아 여성에게 인기가 있고 4, 0, 4의 음파수는 건강을 해치지만 2음파수가 화합기능을 하여 건강을 회복하고 장수할 수 있었다.

그러므로 괴테는 83세 고령으로 사망할 때까지 학문과 예술에 있어서 위대한 업적을 남겼다. 그는 3, 4음파수가 작용하여 종교관은 범신론적이지만 복음서의 깊은 윤리관에 존경을 아끼지 않고 인류의 진보와 행복에 대하여 정열을 기울였다.

▶ Napoleon Bonaparte (프랑스 / 군인, 정치인, 혁명가 / 1769년생)

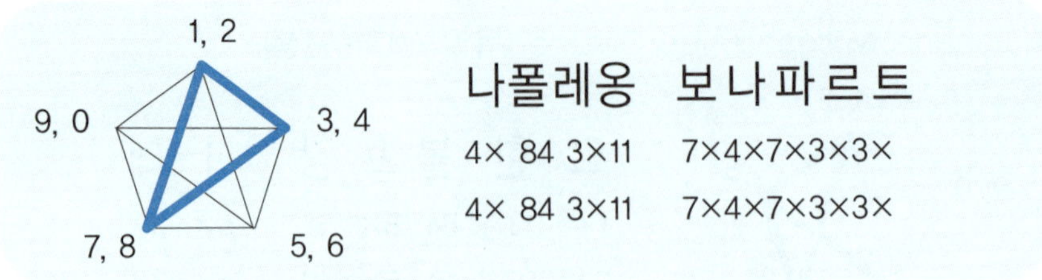

1769~1821년 프랑스 황제. 코르시카섬 출신으로 프랑스혁명 말기에 반혁명파 진압에 공을 세우고 1999년 브뤼메르 18일의 쿠테타로 정부를 수

266

립, 대통령에 취임. 프랑스 산업부흥을 위해 중부 유럽 석권, 에스파냐를 점령하여 전성시대를 맞이하였다.

에스파냐 게릴라의 괴롭힘을 당했고 러시아원정에 실패하고 여러 전쟁 패배로 퇴위하여 엘바섬으로 유배되었으나 탈출에 성공하여 황제가 되었고 워털루 전쟁에 패배하면서 100일 천하로 끝나 세인트섬으로 유배되어 그곳에서 죽었다.

프랑스는 나폴레옹 전쟁으로 100만 이상의 병사를 잃었다. 나폴레옹의 음파수 4는 죽음을 의미하고 8은 명예와 권력을 의미하나 4와 8이 역기능하여 전쟁의 패배를 의미하고 4, 3, 1, 1은 강한 4를 의미하므로 전쟁으로 명예, 권력을 일시적으로 얻으나 역기능과 4음파수의 강한 작용으로 실패, 역경, 망신과 죽음으로 끝나게 된다.

또한 보나파르트의 음파수 역시 7, 4, 7, 3, 3으로 살권과 오랜 투옥생활과 강한 죽음과 실패의 음파수가 작용하고 있음을 알 수 있다.

▶ Alfred Brenhard Nobel (스웨덴 / 발명가 / 1833년생)

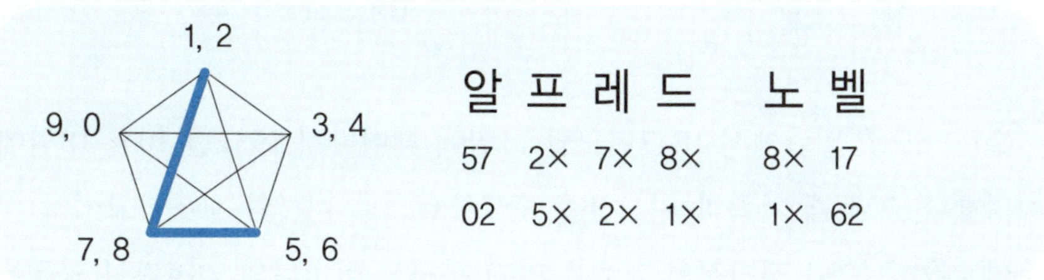

1833~1896년. 스웨덴 발명가. 화학공업가. 노벨상의 설립자. 어린시절 아버지가 수뢰 및 기뢰 제조에 종사했기 때문에 그 뒤를 이어 공장에서 일했고 미국에 유학하여 기계공학을 배웠다. 1867년 다이너마이트를 발명하

고 다시 무연, 화학, 발리스타이트를 발명. 이 발명 및 특허에 의해 백만장자가 되었다. 유언에 의해 유산 3,200만크로네(170만파운드)는 노벨상의 기금이 되었다.

알프레드의 핵심주기능 음파수 5는 유동재로서 큰 돈을 벌고 7 음파수는 명예를 얻게 되며 돈을 벌어서 명예를 얻는다. 특히 7, 2, 7, 8 음파수와 노벨의 8, 1, 7 음파수는 특수기능의 에너지가 발산하여 큰 돈을 벌고 명예를 얻게 되며 5, 7과 2, 5, 7과 1, 6, 2 음파수는 그 돈을 혼자 가지고 있지 못하고 모두 쓰게 되는데 노벨은 자신이 번 모든 돈을 사회에 환원하여 노벨상의 기금으로 내놓았으며 스스로가 내놓은 돈은 그 명예와 명성을 길이 빛나게 한 것이다.

▶ Thomas Alva Edison (미국 / 발명가 / 1847년생)

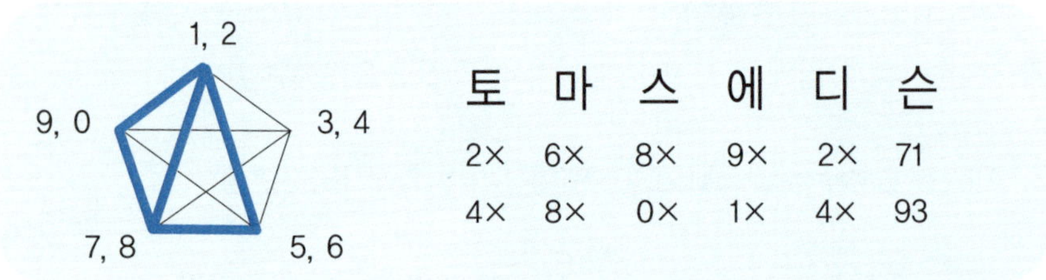

오하이오주 밀란에서 1847년 2월 11일에 태어나서 1931년 10월 18일에 사망했다. 7세 때 가족과 미시간주 포트류런으로 이사와 보통학교에서 저능아 취급을 받아 정기적인 교육을 받지 못하고 어머니의 열정적인 교육에 의해 점차 재능을 발휘하게 되었고 12세 때 그랜드트렁크 철도 지사의 신문판매원이 되어 독서에 열중하였다. 철도전신기술자로 직업을 바꾸고 1864년 인디애나폴리스에서 자동중계기를 발명하였으며 그의 1300개 이상의 발명특허 중 최초의 것이다. 광대한 전기연구소를 설립했으나 1876년에 건강 때문에 사업에서 물러섰다. 그는 세계가 낳은 최고의 천재적 기술자로서 그 방대한 발명, 발견에 따른 특허는 과학 전반에 영향을 미치고 있다.

에디슨은 어릴 때는 토마스 또는 톰이라 부르게 되는데 핵심기능 2와 6이 역기능하고 보조기능 4와 8이 역기능하므로 어려움과 시련이 따르고 특히 아버지와 인연이 없고 가정운이 없어 불행을 겪게 되는데 음파수 0이 순기능으로 작용하여 어머니의 열정으로 학문과 재능을 발휘할 수 있다. 그러나 성장하면서 에디슨이라 부르게 되고 에디슨의 음파수 9는 발명과 창의력을 나타내며 음파수 2는 음파수 9에 흡수되어 강력한 음파수 9의 에너지가 발산하여 발명왕으로 만들었다. 음파수 1은 음파수 7에 흡수되어 강력한 7 음파수가 작용하여 전기, 기술, 전자 등에 크게 두각을 나타냈으나 4, 9, 3 역기능의 만남으로 그 당시에 학문적으로 인정되는 상을 받는 데는 애로가 많았다.

▶ 손문 (중국 / 정치인, 혁명가 / 1855년생)

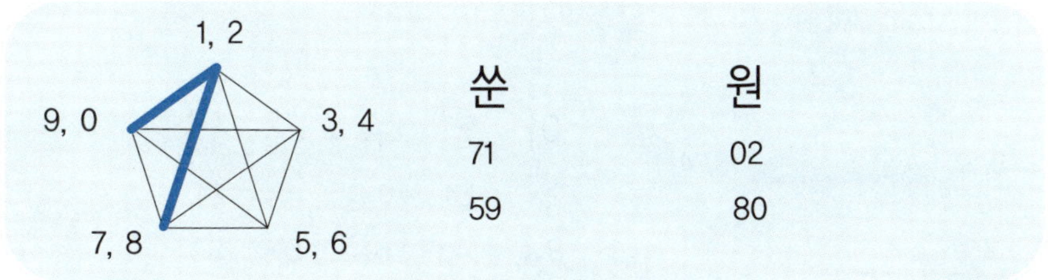

1866년 11월 12일에 태어나 1925년 3월 25일에 사망한 중국의 정치가. 중국 혁명의 지도자이며 자는 일선, 호는 중산이다. 영국, 프랑스 등의 열강이 청조를 침략하여 이권을 차지하려는 혼란기에 태어나 어려서부터 청

조타도를 꿈꾸었다. 집이 가난하여 배움을 포기하고 하와이에 갔다가 홍콩에서 의학을 배웠다. 이때 서구식 민주주의와 자연과학적 사고방식을 받아들였다.

1899년 흥한회를 결성하여 혁명 생활에 들어갔다. 영국에 머물면서 3민주의(민권, 민주, 민생)의 윤곽이 형성되었고 1905년 일본 도쿄에서 중국혁명동맹회 총리에 취임하고 혁명운동수행 중 영, 미 등의 배신으로 비운에 빠졌으나 신해혁명 때 영국에서 귀국하여 중화민국 건설에 전력했다. 중화혁명당 조직, 중국국민당 개칭, 관동정부 수립 정무총재, 국민주의 발표, 당조직 개조, 북벌군을 편성하여 베이징에 침입하였으나 실패로 객사하였지만 중국의 국부로 불린다.

핵심기능에서 0과 2가 만나 강한 9 음파수의 에너지와 보조주기능 8이 0을 만나 정치인, 지도자로서 에너지가 발산한다. 그러나 초년에는 5, 9 음파수가 작용하여 부모운이 없고 가난한 생활을 할 수 있으며 강한 9 음파수의 특성이 객지에서 죽음을 예고하고 있다.

▶ Einstein Albert (미국 / 물리학자 / 1879년생)

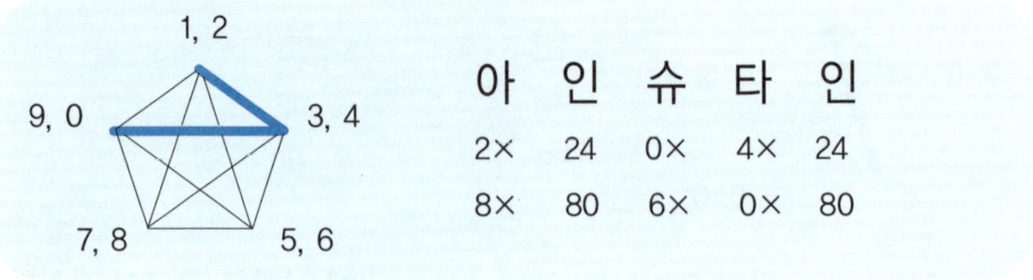

미국의 이론물리학자로서 독일의 바바리아지방 울름에서 출생. 공장 기사인 백부로부터 대수와 기하학을 배워 수학적 재능의 우수함을 과시했다.

아버지가 사업에 실패하여 이탈리아 밀라노로 이사하여 취리히공과대학에 입학하였다. 학교성적은 우수하지 못했으나 수학과 물리학에 특수한 재능을 가졌다.

가정교사를 하며 가난과 투쟁하면서 물리학 연구에 심혈을 기울였다. 그는 1915년 일반 상대성이론을 완성하였으며 이어서 1917년 상대론적 우주론을 발표하였다. 1921년 노벨물리학상을 받았고 1929년에 만유인력 및 전자기력의 일체를 포함한 장의 통일이론을 발표하였다. 그는 바이올린을 아주 잘 켰고 요트 애호가였다. 스위스 국적을 가진 그는 1933년 나치스에 추방되어 미국으로 건너가 프리스턴고등연구소에서 연구에 전념했다.

루즈벨트 대통령에게 원자폭탄 제조의 필요성을 역설하여 제2차 대전을 종결시키고 평화주의자로서 세계연방운동을 주창했다.

음파수 2, 4는 4에 동화되어 강한 4의 특성을 나타내므로 과학자로서 크게 성공할 수 있고 예술적 재능도 뛰어나다. 그러나 부모와 인연이 없고 초년에는 어려움을 겪을 수 있다. 이뿐만 아니라 0, 6, 0과 4, 0, 4가 역기능하므로 학업에 나쁜 에너지가 발산하여 학업 성적이 떨어지며 음파수 8, 8, 0은 강한 명예에너지가 발산하여 명성이 높게 되며 과학과 명성으로 돈은 크게 벌 수 있으나 모두 나가게 된다. 또한 역기능이 많아 시련을 당한다.

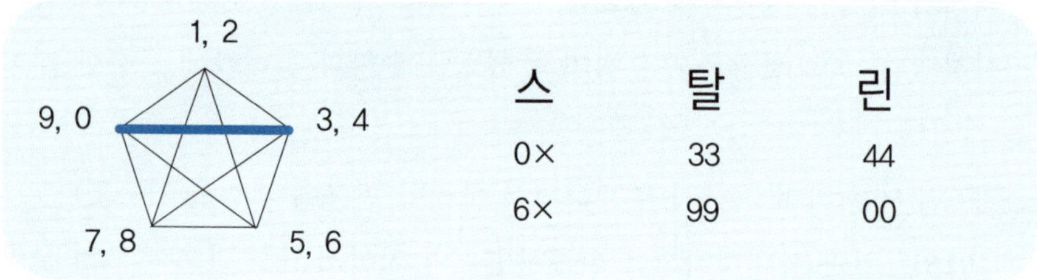

소련의 정치가, 수상, 공산당 서기장이다. 처음에는 신학을 공부하였으나 1896년에 사회민주당에 입당하여 레닌과 볼세비키당을 확립하였다. 10월 혁명을 지도하고 혁명 후 적군(赤軍)을 조직하여 중앙위원회 서기장, 레닌 사망 후 트로츠키 등을 숙청하고 주도권을 장악하였다. 1936년 스탈린 헌법을 제정하고 수상 취임. 최고사령관을 겸하고 제2차 세계대전을 지휘하였다. 1945년 얄타, 포츠담 양 회담에서 연합국 수뇌들과 종전을 협의하고 대원수가 되었다.

주기능 0, 33, 44 음파수의 강한 특수기능은 강력한 7 음파수의 특징인 살권과 권력과 명예를 쟁취하며 부기능음파수 6, 99, 00의 특수기능은 강력한 죽음과 살상을 동반하며 00 음파수의 특성인 최고의 자리에 오르게 되고 최고가 되었을 때는 대화와 협상을 성공시키고 관용을 베풀며 특유한 능력을 발휘하는 무서운 에너지를 발산한다.

▶ Douglas MacArthur (미국 / 군인 / 1880. 1. 26.)

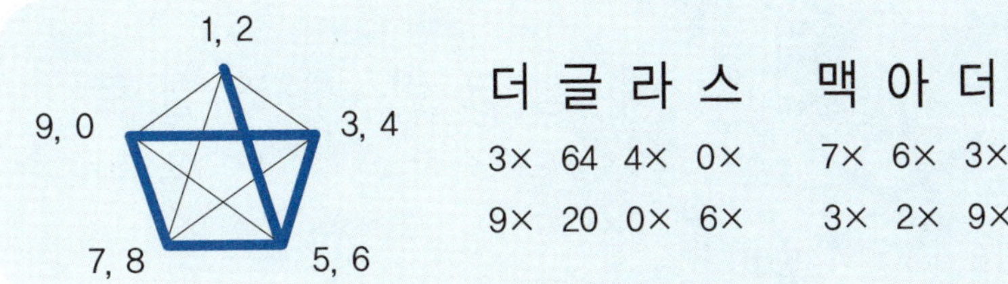

맥아더 장군은 아칸소의 리토록(1880. 1. 26~1964. 4. 5)에서 출생하여 육군사관학교, 육군대학을 최우수 성적으로 졸업하고 일본, 필리핀 등지에서 근무했다. 육군사관학교 교장을 거쳐 1944년 원수가 되어 1945년 일본군을 격파하고 필리핀에 상륙했다. 1948년 대통령 선거전에 공한당의 출마 요청이 있었으나 이를 거절하고 6 · 25전쟁 때 유엔군 총사령관에 취임하여 작전을 지도, 인천상륙작전 등의 빛나는 전공을 세웠다. 그러나 그는 만주폭격을 주장하여 트루먼 정부와 충돌해 해임되었다. 귀국 후 래밍턴 랜드회사 사장에 취임, 조용한 말년을 보냈다.

맥아더는 소리나는 대로 매가더로 해설해야 한다. 매가더의 주기능음파수는 7, 6, 3이고 부기능음파수는 3, 2, 9이다. 그러므로 명예를 존중하는 성품이다. 이뿐만 아니라 순기능이름으로 합리적이고 논리적인 사고와 성실근면하고 만인의 존경을 받으므로 트루먼 대통령의 강한 정적이 되어 해임되었다. 매가더의 선천적 조건은 7 음파수이므로 장군이 되고 핵심주기능음파수 3은 낙천적이면서도 완벽주의자이다. 보조주기능음파수 9는 개혁과 변화 등을 나타내어 소신있는 강력한 리더십을 발휘하는 장군이었으나 부기능음파수 9, 2, 0, 0은 강한 9의 에너지가 발산하여 꺾이지 않는 고집과 소신을 나타내며 특히 역기능하므로 파란과 좌절을 겪을 수 있다.

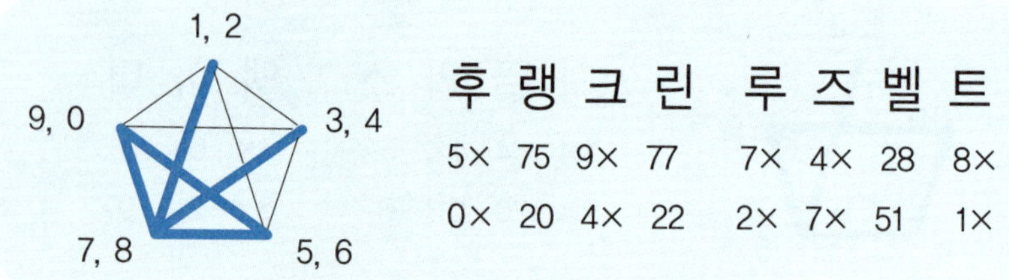

　　미국의 32대 대통령 후랭크린 루즈벨트는 뉴욕주의 하이드파크 출생으로 하버드대학을 졸업하고 컬럼비아대학에서 법률을 연구하고 변호사가 되었다. 뉴욕주의 상원의원, 민주당 진보파의 지도자, 해군차관을 거쳐 민주당 부통령 후보로 출마하여 실패하였다. 그 후 민주당 대통령후보로 지명된 후 대공항으로 허덕이는 국민에게 뉴딜정책을 선언하여 압도적인 득표로 당선됐다. 그는 구제와 부흥뿐 아니라 개혁도 실행하는 정책을 성공시켰다. 특히 그는 인류의 자유와 평화를 강조하고 국제연합을 통한 한국 평화의 수립에 노력하였으며 뉴딜정책으로 약화된 미국 경제를 다시 상승시켰고 미국의 전통을 깨고 1940년 대통령 선거에서 3선에 당선되었다.

　　후랭크린 루즈벨트 대통령의 핵심주기능음파수가 5이므로 경제대통령이며 또 57의 음파수가 법관, 대통령, 변호사로서의 역할을 담당하게 되며 보조기능음파수가 0과 20, 4는 강한 0과 9의 특성이 나타나 개혁정책을 성공시키고 자유와 평화를 강조하는 현대 사상 최대 정치가의 한 사람으로 역사에 길이 남는 업적을 이루었다.

▶ Benito Mussolini (이탈리아 / 독재자 / 1883년생)

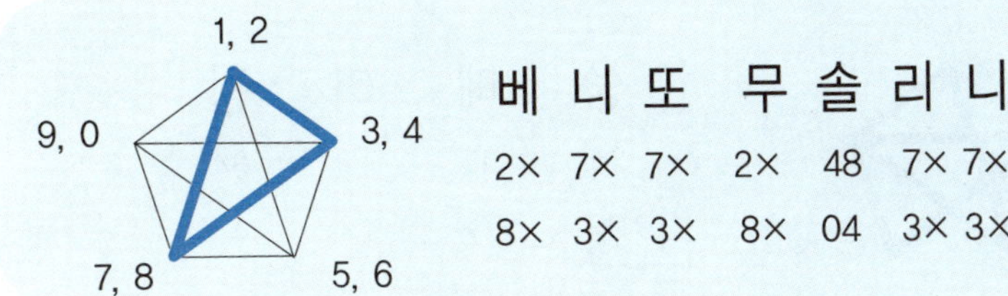

무솔리니는 1883년 7월 29일에 태어나 1945년 4월 28일에 죽은 이탈리아의 파시즘적 독재자이다. 프레타피오에서 대장장이의 아들로 출생하여 마르크스주의의 영향을 받아 1912년 밀라노에서 사회주의 신문을 편집하였고 제1차 대전이 발발하자 사회당 좌파를 떠나 이탈리아 인민지를 발간하면서 참전을 주장하였다.

우익으로 전향을 결심하고 사병으로 출전하여 좌파 사회주의 계몽을 격파하려고 독자주의적 단체를 융합, 당을 결성하여 전투적 성격으로 당세를 강화시켰다. 국내 혼란을 틈타 산업자본가의 원조를 받아 로마로 진군하여 스스로 내각을 조직한 뒤 정치, 문화, 경제를 개혁하는 강력한 외교정책을 펼쳤다.

국제연맹으로 신로마제국을 건설하고자 하는 꿈은 2차 세계대전으로 깨어지고 1943년 7월 바트리아의 쿠데타군에 체포되었다가 구출되었으나 이탈리아의 항복으로 초반에 의용군에게 체포되어 피살되었다.

주기능음파수 2, 7, 7은 강한 7의 특성이 나타나고 2, 4, 8, 7, 7 역시 강한 살권과 죽음의 특징으로 강력한 개혁과 독재자로서의 특성이 나타난다. 그러나 음파수 8, 3과 0, 4 모두가 피살되는 암시를 나타내며 파란과 시련으로 역기능 음파수의 에너지가 발산하므로 실패와 죽음으로 연결된다.

▶ 송미령 (자유중국 / 여류정치인 /1901년생)

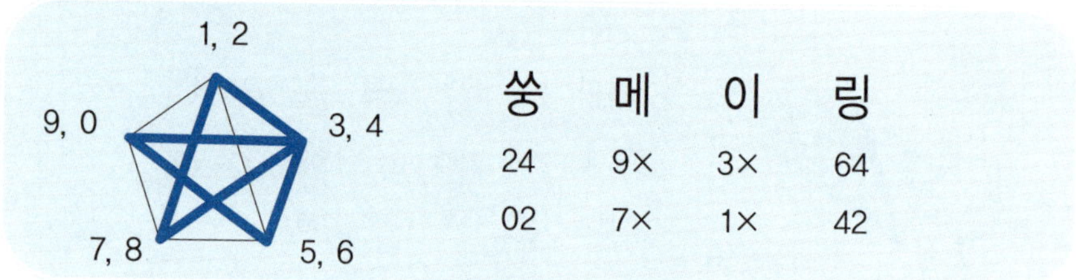

　자유중국의 여류정치인으로서 재벌가인 쑹씨 가문의 3자매 중 막내로 미국 웨슬리대학을 졸업하고 1927년 장제스(장재석)의 후처가 되었다. 그 후 장제스의 통역으로 활약, 특히 대미관계조정에 수완을 발휘하였다. 또한 여성계, 종교계, 항공계, 실업계 등에서도 활약하고 이재에도 눈이 밝다.

　카이로회담에 장제스를 수행하였고 1946년 국민당 중앙집행위원, 중국 부녀반공항아연합회장 활동, 항일전과 공산당과의 내전에서 미국을 순회하며 지원유세를 하였다. 1975년 이래 미국에서 살면서 자유중국과 미국과의 유대강화를 위해 활약하다 2003년 3월 10일에 사망했다.

　쑹메이링의 핵심주기능음파수 9는 역마살과 해외운이 있어 외국에 유학하게 되고 말을 잘하며 외교적 수완이 뛰어나다. 음파수 8이 없고 7이 있어 후처로 들어가게 되며 음파수 3, 64와 1, 42는 강한 4의 음파수가 발산하여 객지에서 조용한 죽음을 맞이하게 된다.

▶ **鄧小平(등소평) (중국 / 주석, 정치가 / 1903년생)**

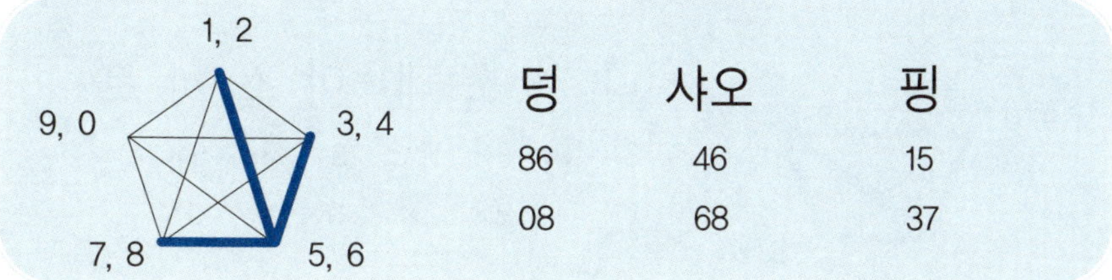

1903년 출생으로 중국의 정치가, 당중앙위총서기, 국방위부주석 등 요직에 있었으나 문화혁명 때 실각했다. 1973년 복권되어 수상에 취임, 1976년 4월 천안문사건이 발생하자 배후 조종자로 모든 직무에서 해임되었다.

1977년 다시 복직해 중앙정치국 상무위원, 국가중앙군사위원회 주석을 지내며 중국 최고 실력자로 있었다.

덩샤오핑의 핵심주기능음파수는 4이다. 빈틈없는 완벽주의자이고 6음파수는 실용주의 노선을 주장하게 하고 4와 6이 함께 있으므로 실용주의 노선에 파란을 겪게 되어 실각되고 해임되었다.

특히 4, 6 음파수와 6, 1과 5 음파수가 서로 역기능하므로 더욱 시련을 받게 되었고 또한 정치적 실각은 8, 3, 7 음파수의 역기능에너지가 발산하였기 때문이다. 그러나 개혁과 변화를 추구하면 성공할 수 있어 결과는 중국 경제발전에 원동력이 되었고 최고 실력자로 인생을 마무리할 수 있었다. 어떤 자료에는 1904년 8월 22일 ~ 1997년 2월 29일까지 생존하였다고 기록되어 있기도 하므로 1904년의 출생 연도의 주기능음파수 97, 57, 37과 부기능음파수 31, 91, 71도 참고로 하는 것이 좋겠다.

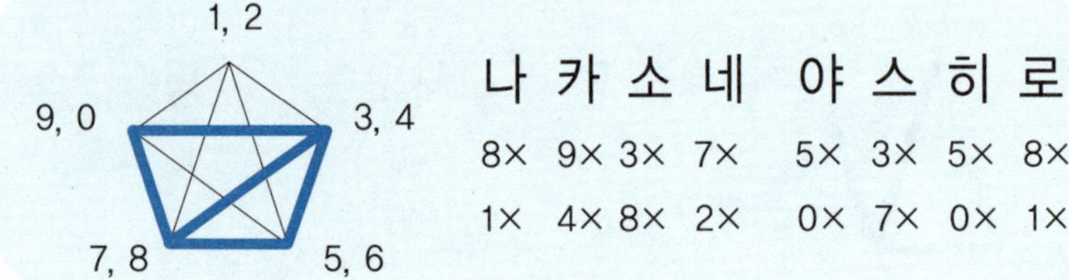

일본의 정치가이며 수상으로 도쿄대학을 졸업하고 운수상, 과학기술청 장관, 양원 원자력 합동위원장, 자민당 총무, 중의원에 피선(10선)되었으며 자민당 간사장, 총재, 총리가 되었다. '행동의 정치'를 슬로건으로 내세우는 보수, 우경의 매파로 알려져 있는 일본 수상이다.

나카소네 수상의 핵심주기능음파수 5는 재물을 의미하고 보조기능 0, 7, 0, 1은 자신이 최고라는 긍지를 가지고 강한 권력을 나타낸다. 그리고 통솔력과 리더십을 발휘할 수 있다.

그러나 주기능음파수 9, 3, 7과 부기능음파수 4, 8, 2는 역기능하고 있으므로 권력과 명예의 좌절을 맛볼 수 있다. 그러나 야스히로의 주기능음파수는 5, 3, 5, 8과 부기능음파수 0, 7, 0, 1 모두가 순기능이므로 경제발전과 외교에 큰 힘이 발휘되어 일본의 위상을 드높이고 경제대국의 기틀을 쌓게 한다.

▶ Sihanouk, Norodom (칼푸치아 / 국왕 / 1922년생)

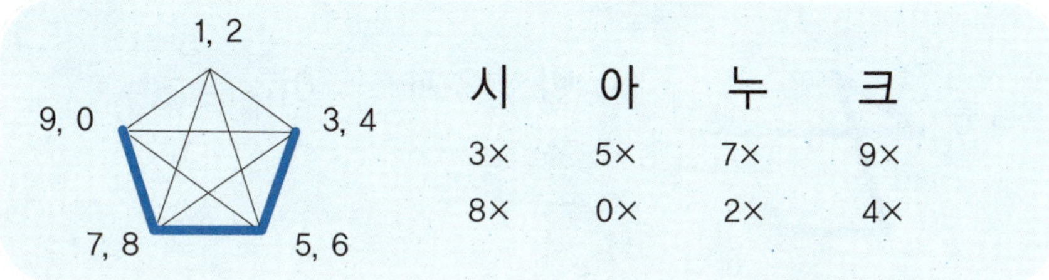

칼푸치아 원수, 국왕으로서 1945년에 일본과 제휴하여 독립을 선언하였으나 제2차 세계대전 후 1950년 프랑스연합의 1회원국이 되었다. 1955년 총선거로 수상겸 외상이 되었고 1958년 인민사회당 당수가 되었으며 1961년 베트남 분쟁해결을 위해 14개국 국제회의를 제창, 이를 실현시켰다.

론놀 장군이 집권하여 국명을 크메르로 개칭하고 철저한 반공정권으로 전환함과 동시에 궐석재판에서 사형을 선고받아 시아누크는 귀국을 포기하고 중국에 머물며 베이징에 칼푸치아 민족통일전선과 미국 민족연합전선을 수립, 론놀 정권과 대항하고 있다.

시아누크의 주기능음파수는 3, 5, 7, 9이고 부기능음파수는 8, 0, 2, 4이며 모두가 순기능음파수로서 자유민주주의와 자본주의시장경제원리에서 성공할 수 있는 에너지가 발산된다. 그러므로 그는 국왕에서 선거를 통한 수상, 원수 등으로 대체로 성공적인 결정을 하였으나 미국과의 외교단절이 그의 멸망을 예고하였고 마지막 음파수 9와 4가 죽음, 파멸, 망신의 에너지가 발산하므로 노후에 불행과 실패와 좌절을 맛보게 된다.

▶ Bill Gates (미국 / 1955년생)

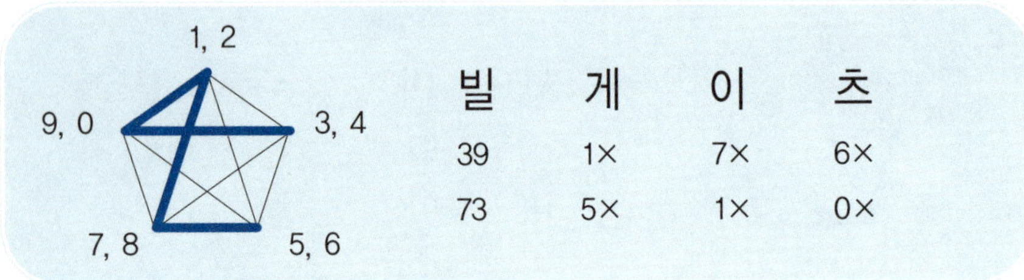

워싱턴주 시애틀 출생. 변호사의 아들로 태어나 1967년 레이크사이드에 입학하면서 컴퓨터와 관계를 맺게 되었으며 이곳에서 마이크로소프트사의 공동창업자인 P앨런을 만나게 되었다. 1974년 앨런과 함께 최초의 소형 컴퓨터용 프로그램언어인 베이직을 개발하였고 1975년 마이크로소프트사를 설립하였다.

빌 케이츠의 주기능음파수는 39, 1, 7, 6이다. 연구발명의 특성을 나타내는 3 음파수에 창의력, 발명, 개혁, 변화 등을 나타내는 음파수 9의 특성을 선천적으로 타고났다. 3 음파수와 9 음파수가 역기능하고 있으나 뒤에서 1 음파수가 화합기능을 하므로 강력한 에너지가 발산하여 창의력 하나로 크게 성공할 수 있었다. 자기적성에 맞는 음파수 7의 특성인 전자, 정보화, 컴퓨터에 관한 아이디어로 성공하였으며 음파수 39와 73은 명예와 봉사를 나타내므로 재물을 사회에 환원하게 된다.

또한 타고난 선천적 조건의 음파수 1과 5의 특성과 부기능음파수 5, 1, 0은 유동재로 많은 돈이 나가야만 건강과 가정운과 명예운이 좋아지고 생명력이 있게 된다.

제12장 국내 인물 이름해설

국내 인물 이름해설

한국의 근대인물을 중심으로 조선시대와 현대사회에 영향을 미친 특징 있는 몇몇 사람들의 이름을 한글음파이름 이론에 의해 해설해 보겠다.

특히 그 사람들의 삶의 과정과 업적을 살펴보면서 왜 그렇게 살았으며 그런 업적을 남길 수 있었나를 한글음파이름으로 해석해보면 참으로 신기하다.

지금까지 배우고 익힌 한글음파이름 이론을 토대로 하여 각 음파수의 특성을 잘 이해하여 여기에 소개하는 인물들의 면면을 살펴보면서 연구하기 바란다.

그 사람의 음파이름을 해설할 때는 아명이나 자, 또는 호 및 시호 등도 참고하고 생년월일이 2가지로 나타나면 2가지 다 해석하여 비교해 보아야 한다. 나아가서 태어난 장소, 즉 고향과 부모의 이름도 같이 보면 더욱 정확하고 흥미로울 것이다.

1. 신숙주 / 조선의 학자, 정치가

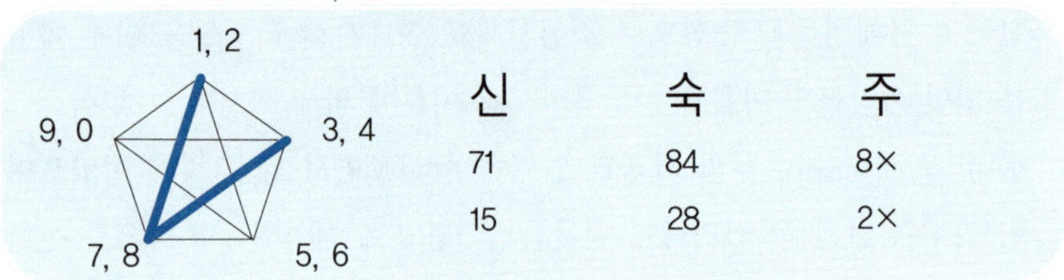

태종 17년에 태어난 조선의 학자, 정치가, 문필가, 시인이다.

자는 범옹, 호는 보한재, 희현당이며 어려서부터 총명하였다. 일본에 통신사로 갔을 때, 일본인이 그의 재주에 감탄하였고 돌아오는 길에 쓰시마 섬(대마도)에 들러 무역협정을 체결하였다. 이가 계해조약이다.

세종 때 훈민정음 창제에 공이 컸으며 세조가 즉위하여 공신호를 내리고 우의정, 좌우정을 거쳐 강원도 함길도 도제참사가 되어 야인들을 소탕하고 영의정이 되었다. 남의 장군을 숙청하여 보사공신의 호를 받았다. 성삼문 등 사육신으로부터 배신자로, 역적으로 기록되기도 한다.

그는 그 당시 최고의 권좌에서 부귀영화를 누린 대학자인 동시에 정치가 이다. 이러한 특성은 그의 핵심주기능음파수 8에서 찾아볼 수 있다. 또한 그가 태어난 '신'의 음파수 71, 그리고 주기능음파수 84, 8 부기능음파수 28, 2에 나타나는 에너지가 그를 그렇게 만들었고 그의 자 범옹의 주기능 음파수 66, 99와 그의 호 보한재 주기능음파수 6, 91, 7의 특성에서 잘 나타내고 있다.

2. 신사임당 / 조선의 여류문인

▶ 신사임당 (조선의 여류문인, 서화가 / 1504년생)

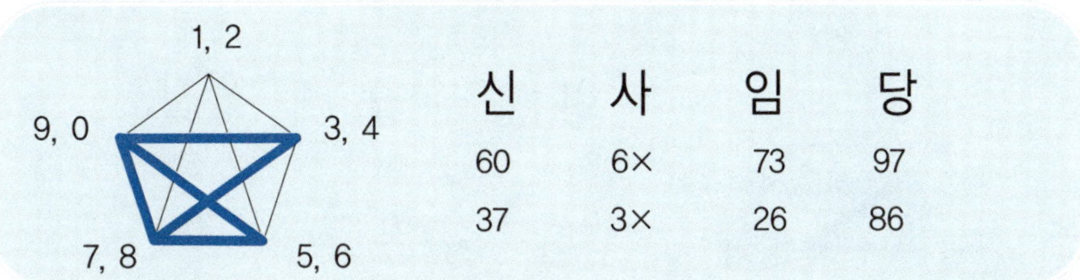

사임당은 아호이며 시임당, 임사재라고도 한다. 이이의 어머니로서 천성이 우아하고 지조가 있고 현모양처의 자격을 겸비했다. 어려서 경전에 통하였고 문장에 능하였으며 침공, 자수에 이르기까지 정통하였다.

7세 때부터 안견의 화법을 배워 산수화, 포도화를 그렸으며 점차 숙달하여 화풍이 여성적인 섬세함을 발휘하여 세상에서 이를 따를 자가 없었고 필법에도 능했으며 자녀교육에도 남다른 노력을 기울여 후세에 현모양처의 귀감이 되고 있다.

사임당의 핵심주기능음파수 6은 성실근면하고 현실성이 강한 사람이며 보조주기능음파수 3은 예술에 능하고 자녀교육에 정열을 쏟으며 교육자의 에너지가 발산한다. 97 음파수는 문장과 많은 남성으로부터 존경을 받고 6, 86 음파수는 현모양처의 음파수가 작용한다.

신사임당은 그 시대에 있어서 여성개혁가로서 훌륭하고 능력있는 인재이지만 그 시대 보통사람이 원한 현모양처는 아니다. 그러나 현모양처로 알려진 것은 마지막 에너지 6, 86 음파수의 작용이라고 생각된다.

3. 이순신 / 조선의 명장, 충무공

▶ 이순신 (조선의 명장, 충무공 / 1545년생)

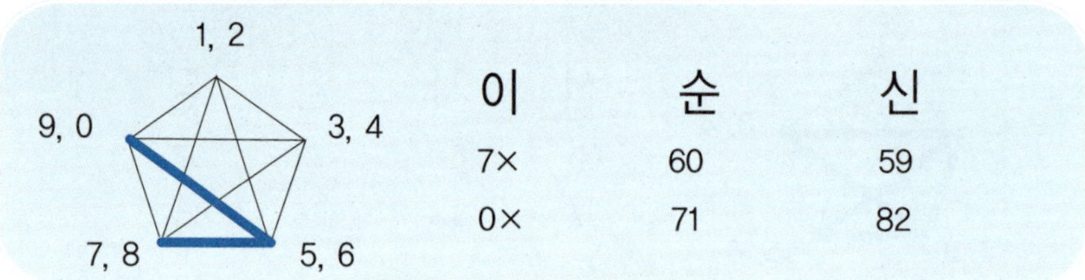

자는 여해, 시호는 충무이며, 서울 건천동에서 1545년에 태어나 1598년 11월 18일 노량해전에서 54세의 나이로 장렬한 최후를 마쳤다.

이순신의 자 여해의 주기능음파수 7, 7과 부기능음파수 0, 0에서 나타나듯이 장군과 학자의 재능을 가지고 있다. 이순신의 핵심주기능음파수 6은 성실, 근면, 정직함을 나타내고 있으며 타고난 선천적 조건 '이'의 음파수 7과 0은 학문과 권력, 명예, 그리고 명분과 원리원칙주의자임을 말해준다.

핵심주기능음파수 6이 역기능하고 5와 9가 역기능하므로 부인과 별거하고 음파수 5와 9는 부모를 불행하게 한다. 특히 '순'자와 '신'자가 상호역기능하고 있어 중상모략, 시기질투, 음모, 음해의 표적이 되어 파란만장한 인고의 아픔과 고통을 겪게 된다.

그러나 그의 곧고 침착하고 면밀한 성격과 판단력과 결단력, 인내력과 포용력의 특징을 가진 전략가, 지략가로서 통솔력을 발휘할 뿐만 아니라 모든 사람으로부터 존경을 받을 수 있다. 그의 삶의 모습은 그의 이름에 나타나 있다.

4. 전봉준 / 동학혁명의 지도자

▶ 전봉준 (동학혁명의 지도자 / 1854년생)

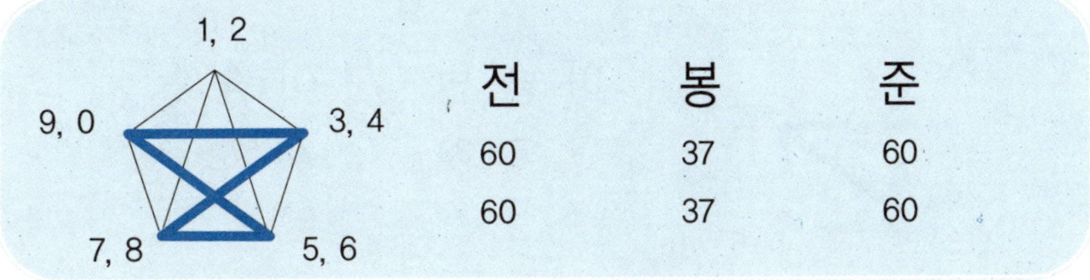

초명은 명록, 별명은 녹두장군이다. 전북 태인 출생으로 아버지가 민란의 주모자로 처형된 후 사회개혁에 뜻을 두게 되었다. 전봉준의 어린 시절에는 음파수 60이 역기능하여 부모를 불행하게 하고 자신을 어렵게 만든다.

특히 핵심주기능음파수 3은 혁명, 야당, 시민운동, 민주운동, 즉 개혁의 특성을 나타내고 있다. 음파수 3이 음파수 7과 마주보면 총칼로 저항하다가 총칼에 의해 감옥, 망신, 처형당하며 실패한다.

특히 음파수 6과 0이 역기능하여 목숨을 잃게 되는 촉매역할을 하게 된다. 그러나 그 정신과 뜻은 길이 남는다. 전봉준은 그의 이름음파수의 특성대로 민중혁명과 사회개혁의 선구자로서 역사에 길이 남을 것이다.

5. 이승만 / 건국대통령

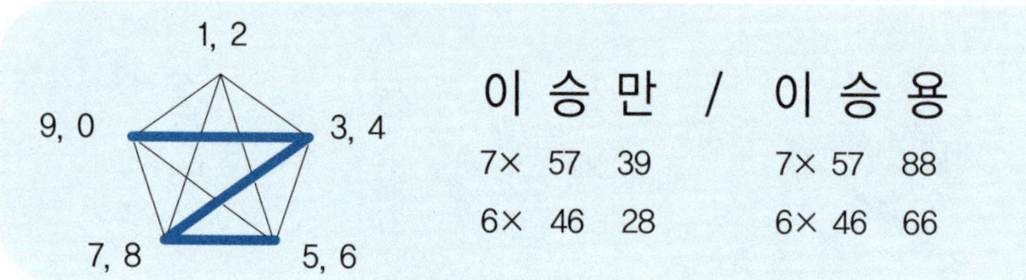

초명은 승룡이고 호는 우남이며 황해도 평산에서 태어나 1965년에 죽었다. 그는 일찍이 서울로 이사하여 어릴 때 한학을 공부하다 뒤에 신학문을 공부하여 배제학당 영어교사가 되었다.

1894년 서재필과 미국에서 돌아와 독립협회를 조직하고 독립신문을 만들었다. 1905년 미국에 머물며 조지워싱턴대학에서 공부하고 하버드대학에서 석사학위를 받고 프리스턴대학에서 철학박사 학위를 받았다.

1945년까지 워싱턴, 하와이 등지에서 항일투쟁과 외교활동을 계속하다가 광복을 맞아 귀국하여 독립중앙협회 의회를 조직하고 반공방첩을 주장하면서 민주주의 자주독립노선을 전개했으며 1948년 제헌국회의장이 되고 대한민국 초대대통령이 되었다.

이승만, 이승용의 음파수를 보면 독립과 권력, 투쟁을 할 수 있는 에너지가 발산하는 7, 57, 39와 7, 57, 88 이 자리잡고 있다. 그러나 이승만의 말년인 '만' 자의 39음파수가 단절과 망신, 죽음과 파멸을 나타내고 있다.

6. 김 구 / 독립운동가

▶ 김구 (독립운동가, 정치가 / 1876년생)

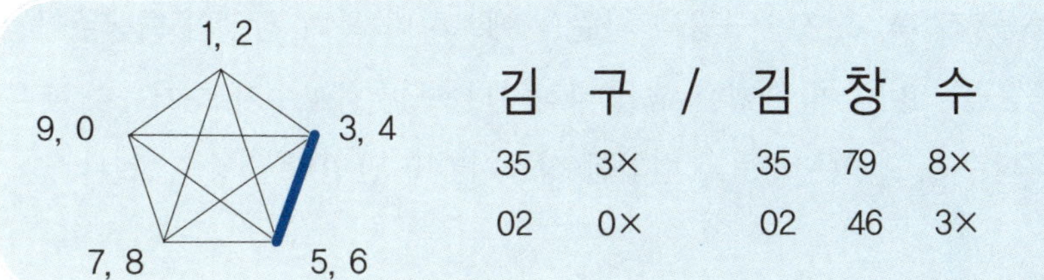

유명은 창수이고 호는 백범이며 초호는 연하이다. 가정이 가난하여 독학으로 공부하였으며 12세에 한학을 배워 17세 때 훈장이 되고 18세에 동학당에 가입하고 동학란에 참가했다.

안중근 의사의 아버지 안진사를 알게 되어 그곳에서 김형진과 중국 유람을 위해 출발하여 만주 김이언의 의병대에 입대 후 왜인토벌에 참가했으나 실패했다. 일본군 육군중위 쓰지다를 살해해 체포되어 사형선고를 받았으나 사형 직전 왕의 특명으로 죽음을 면했다.

한때 공주 마곡사에서 승려가 되어 법명을 원종이라 했다. 이듬해 고향에서 학교를 설립하여 교육에 종사했으나 1909년 11월 이토 히로부미 저격혐의로 검거되어 해주감옥에 투옥되었다. 1915년 출옥하여 3·1운동 후 상하이로 망명하여 임시정부 경무국장, 내무총장, 국무령을 역임했다. 그 후 임시정부 주석에 취임하고 해방 후 한국독립당 창설과 함께 당수가 되었으며 미주의원총리, 민족통일총본부 부총재 등을 역임했으나 안두희에게 피살되었다.

김구의 어릴 때 이름 김창수의 핵심주기능 7은 명예, 정치, 애국심을 나타내며 특히 음파수 9와 순기능하여 혁명과 개혁을 주도할 수 있으며 음파수 7, 9, 8은 강력한 7 음파수의 에너지가 발산하여 명성이 난다. 그러나 부기능음파수 4, 6, 3이 죽음과 파란을 예고하며 특히 김구의 핵심주기능 3은 죽음을 의미하여 불행한 생을 마감하나 모든 음파수가 순기능하고 부기능음파수 0, 2, 0은 개혁과 변화를 성공시키고 만인의 존경을 받는다.

7. 안창호 / 독립운동가

▶ 안창호 (독립운동가 / 1878년생)

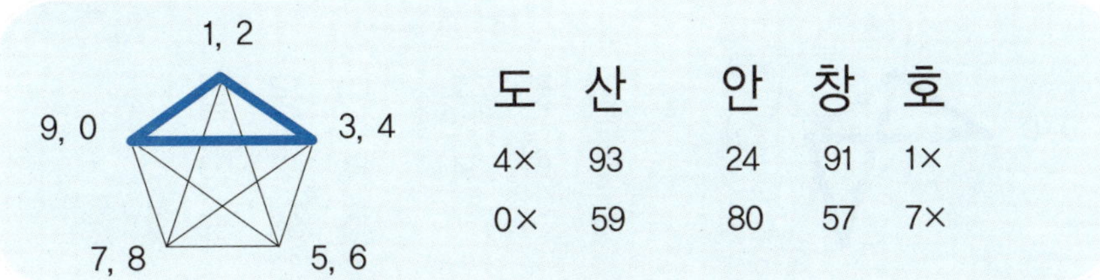

안창호의 호는 도산이고 평남 광서에서 출생했으며 18세 때 평양에 나가 독립협회 평양지회 결성식이 열린 쾌재정에서 첫 연설을 하여 청중의 갈채를 받았다. 그 뒤 서울에서 이상재, 윤치호, 이승만 등과 같이 만민공동회를 개최, 독립협회운동을 하였으며 1900년 미국에 건너가 신문명을 배우는 한편 공립협회를 세워 교포의 생활을 지도했다.

1906년 귀국해 평양에 대성학교, 전주에 도산학교, 서울에 대한매일신보, 평양에 도자기 회사를 세워 교육, 문화, 산업 등 모든 방면으로 활동을 전개했다. 1913년 로스앤젤레스에서 민족혁명수양단체 홍사단을 조직해 활약했다. 1937년 6월 동우회 사건으로 체포되어 이듬해 병보석으로 나와 서울대학병원에서 치료받다가 간경화증으로 사망했다.

이는 안창호의 주기능음파수 24, 91, 1과 부기능음파수 80, 57 ,7의 특징에서 잘 나타나 있으며 특히 핵심주기능음파수 9는 달변, 능변, 웅변가를 나타낸다. 더욱이 9와 1이 화합하여 강한 9의 특성이 나타나고 말년에 건강을 해치고 죽음을 나타내는 음파수 4, 93과 0, 59에 그의 마지막이 보인다.

8. 안중근 / 독립운동가

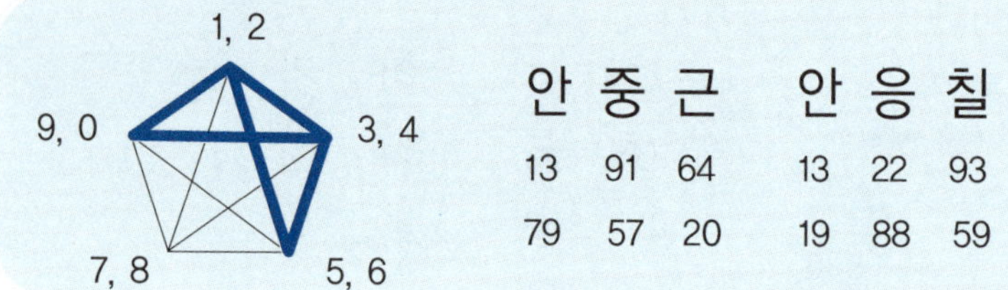

안중근의 아명은 안응칠이며 세례명은 도마이다. 어릴 때 한학을 배웠고 14세 때 프랑스 신부 밑에서 천주교 신자가 되었다. 기질이 활발해 사냥을 다니며 총쏘기를 좋아하였고 사격에 능숙하여 작은 산새들도 쏘아 맞췄다.

이러한 특성은 안중근 의사의 어린시절에 불렀던 응칠의 핵심주기능음 파수 22와 핵심부기능음파수 88의 특징에서 찾아볼 수 있다.

특히 그는 의용군을 조직하여 일본군 50명을 사살하고 회령까지 진격하여 적과 교전했다. 일본의 이토(이등박문)를 살해하고 1910년에 수감되어 뜻을 굽히지 않고 사형을 받았다.

이러한 독립정신과 곧은 절개, 그리고 죽음에 이르기까지의 모든 과정이 안중근의 주기능음파수 13, 91, 64와 부기능음파수 79, 57, 20에 있음을 알 수 있다. 특히 핵심주기능음파수 9와 음파수 1이 만나 강력한 9 음파수 에너지가 발산하여 독립운동과 죽음을 예고하였다.

9. 유관순 / 순국소녀

▶ 유관순 (순국소녀 / 1904년생)

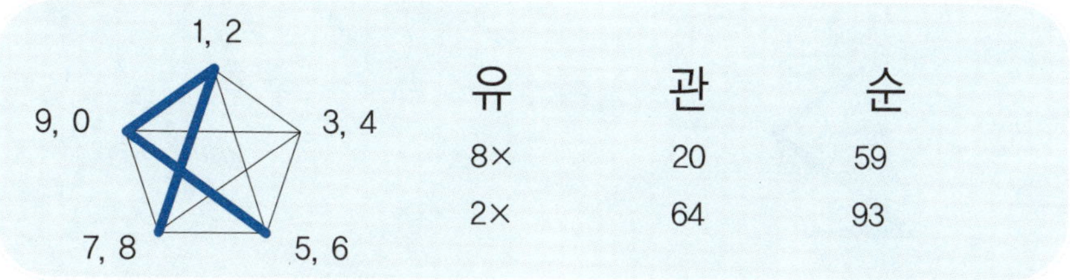

1904년 충남 천안에서 태어나 3·1독립운동으로 1920년 10월 17세 나이로 일본 옥리의 악형으로 순국했다. 그는 예수교 공주교회 선교사의 주선으로 이화학당에 입학, 총명하고 의지가 굳어 어린 나이에도 겨레의 앞날을 걱정하여 '한국의 잔다르크' 가 될 수 있기를 하나님께 기도했다.

1919년 3월 1일 서울에서 16세의 소녀로 시위대열에 끼어 독립만세를 부르고 고향으로 가서 밤낮으로 독립운동을 주도하다 서대문 감옥에 투옥되어 순국했다.

유관순의 주기능음파수 8, 20, 59를 보면 8, 2가 남편과 역기능하고 5, 9가 아버지(어머니)와 역기능하며 핵심주기능음파수 20은 역마살과 강한 애국심으로 사회활동에 적극적이었으며 일찍 순국하게 되고 부모도 불행을 겪게 되었다.

10. 김두한 / 국회의원

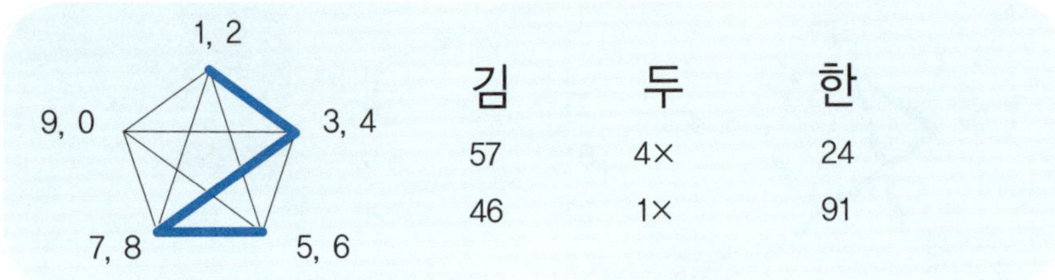

1918~1972년. 제 3대, 6대 국회의원으로서 김좌진 장군의 아들로 일제 강점기 말기부터 주먹의 힘으로 의협적인 행동을 했다. 광복 후 한독당 재정위원, 대한민국청년연맹부위원장, 대한노조총연합회 최고위원을 역임하였고 또 반탁운동과 노동운동에 종사하였다. 제3대 국회의원으로 정계에 진출하여 선거소송, 오물사건, 한독당 내란음모사건 등 잇단 물의와 투옥으로 독특한 정치생활을 계속하였다.

이 모두가 핵심주기능인 4 음파수의 작용에서 나타나는 특징이다. 특히 1, 91은 강한 9의 음파작용으로 깡패 두목이 되고 7, 4 음파수는 야당 정치인으로 성공할 수 있으나 옥고를 치르게 되고 말년에 24와 91음파수로 고독한 말로를 보내게 된다.

11. 김소월 / 시인

▶ 김소월 (시인 / 1903년생)

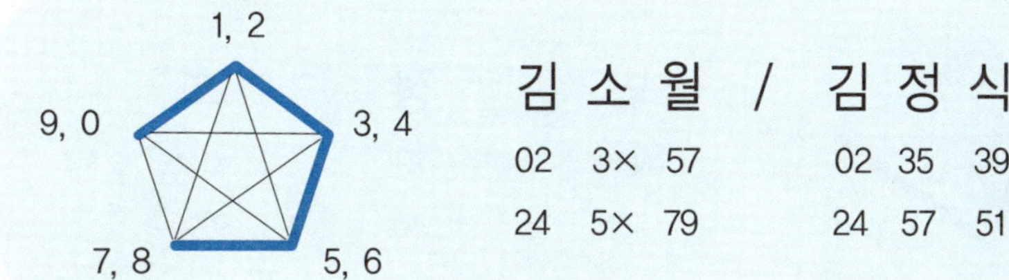

1903~1934년 소월의 본명은 김정식이다. 일본에 유학 해 도쿄상과대학에 입학했으나 집안의 몰락으로 1년 만에 중퇴하였다. 고국으로 돌아와 동아일보 지국을 경영했으나 실패하였으며 모든 직업에 실패하였다. 사후에 '진달래꽃' '산유화' '초혼' 등으로 천재적인 서정시인으로 명성이 났으며 33세에 요절했다.

그의 핵심주기능음파수가 소월과 정식 모두 3 음파수이므로 사업은 무조건 실패하고 돈하고는 인연이 없으나 예술에 재질이 뛰어나 그 시대에 서정시인으로 성공할 수 있었다. 특히 어린 시절에 불렀던 정식의 음파가 작용하여 일찍 죽음을 맞게 되고 음파수 5가 많아 여자에게는 인기가 있으나 자기 여자가 없으므로 부부운이 없다. 김소월의 출생자료는 1902년 8월 6일로 기록되어 있는 것도 있으므로 2가지 다 음파수를 풀어서 해석해보는 것도 좋다.

12. 박정희 / 군인, 대통령

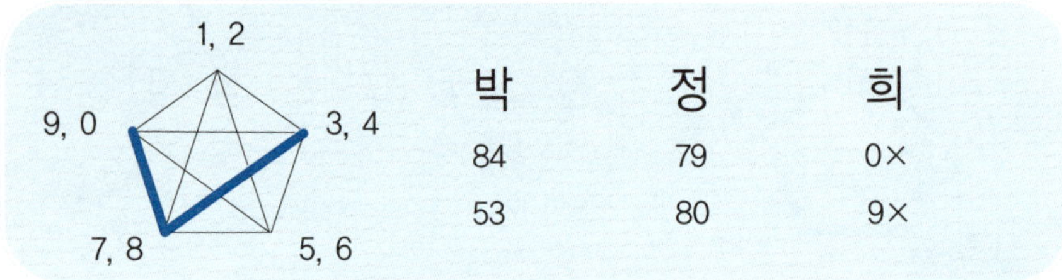

박정희는 경북 선산(현 구미시)에서 출생하여 대구사범 졸업 후 잠시 교편을 잡았다. 만주군관학교, 일본육군사관학교를 다녔으며 광복과 더불어 창군에 참여했다. 1946년 육군사관학교를 졸업하고 1953년 육군준장으로 시작해 1군참모장, 제1관구사령관, 제2군부사령관을 역임하고 1961년 5·16군사혁명을 성공하였다. 1963년 8월에 예편과 동시에 공화당 총재, 12월에 5대 대통령으로 시작, 6,7,8,9대 대통령을 역임하다 김재규에 의해 피살되었다.

박정희 핵심주기능음파수 7은 혁명으로 정권을 잡고 79 음파수가 뛰어난 추진력과 창조와 개혁으로 조국 근대화에 위대한 업적을 남길 수 있다. 특히 음파수 7은 명예를 존중하여 재물과 거리가 멀다. 그러므로 박정희 대통령은 청빈한 대통령으로 기록된다.

특히 강력한 리더십과 통솔력으로 가난과 무지를 퇴치하고 경제부흥을 일으킨 세계적인 신화를 남겼다. 박정희의 '잘 살아보자' 는 구호와 새마을 운동은 국내보다 국외에서 더 높이 평가받고 나라의 발전 모델로 삼고 있다.

음파수 79의 강력한 에너지 발산은 나 아니면 안 된다는 생각과 장기집권이라는 독재자의 오명을 쓰게 된다. 그러나 시대적 상황과 국가적 환경에 따라 박정희의 평가는 엇갈리고 있다.

또한 이것으로 인해 부인, 자신, 가족 모두가 불행을 당했다. 그 이유가 음파수 4, 79와 3, 80에 있으며 특히 음파수 6이 없어 부인을 불행하게 하면서 보내게 되고 자녀음파수 7, 8이 역기능하여 자녀가 어려움을 당할 수밖에 없었다.

13. 황우석 / 생명공학자

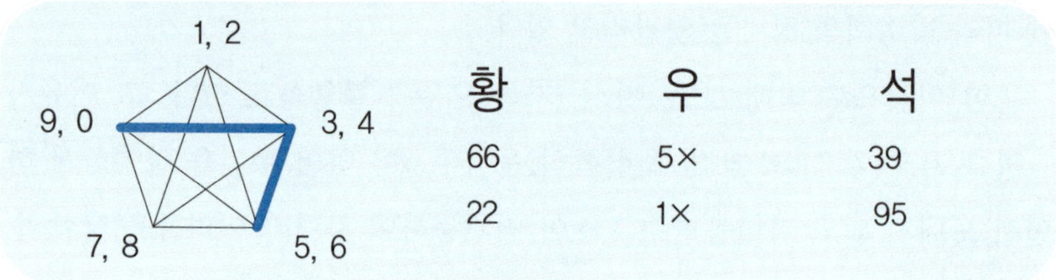

본관은 창원이고 충남 부여에서 태어나 서울대 수의과를 졸업하고 동 대학원에서 수의과 석사, 박사학위를 받았다.

황 교수의 보조주기능음파수 1과 4차기능음파수 95는 부모와 인연이 없어 음파수 5의 특성대로 고향을 떠나 성공한다. 음파수 3의 특성인 연구와 음파수 9의 특성인 창의력은 50세 이후에 빛을 보게 되나 '석' 자의 음파수 3, 9와 9, 5는 망신, 죽음, 돈 등으로 큰 불행을 겪는다.

음파수 66, 5와 22, 1, 95는 세계를 돌아다니며 전 인류를 위해 큰 업적을 낳게 되고 돈을 벌 수 있는 여건이 되나 그 돈을 지니지 못한다. 미국 연구소에서 스카우트 비용으로 2조원을 제의해 왔으나 이를 거절하고 한국의 열악한 환경 속에서도 조국을 지키는 애국심과 본관 창원의 음파수 35, 68과 91, 24의 특성인 연구심은 역사에 존경받을 훌륭한 인물이다.

인류 역사상 가장 위대한 업적을 이룩할 수 있는 사람이지만 자신에게는 실속이 없고 타인이 빛을 보게 되며 가족은 어려움이 많다. 음파수 7, 8이 없어 그는 명성을 좇는 것이 아니라 그가 하는 일을 사랑하므로 인류를 밝히는 빛과 소금의 역할을 다할 뿐 아니라 음파수 66, 5는 나라에 엄청난 부를 창출해줄 수 있다.

그러나 음파수 7, 8이 없어 명예에 큰 손상을 입고 그의 지나친 열정이 오히려 불행을 초래할 수 있다. 그리고 3차기능과 4차기능의 음파수가 역기능하므로 말년에 배신과 갈등, 과욕으로 연구와 건강에 지장이 있어 최대의 위기에 봉착하여 어려움을 당할 수 있다.

그러므로 말년에 불행을 가져오는 역기능의 '석'를 바꾸어야 하며 이를 보완하는 좋은 음파의 아호를 불러주면 명예회복과 더불어 국가와 인류를 위한 좋은 업적을 남길 수 있다. 또한 황우석 음파수는 사후에 업적을 높이 평가받을 수 있을 것이다.

제13장 상담과 개명

1. 음파수 찾는 방법의 주의사항

(1) 소리나는 대로 음파수를 본다.

(2) 김영삼은 김영삼과 기명삼을 함께 풀어야 한다.

(3) 육영수는 육영수와 유경수를 함께 풀어야 한다.

(4) 김우중은 김우중과 기무중을 함께 풀어야 한다.

(5) 음파수는 한문획수로 계산하는 것이 아니고 한글을 소리나는 대로 발음하여 그 획수를 계산한다.

(6) 외국어이름도 한글로 정확하게 발음하여 음파수로 찾는 것이 더 정확하다. 왜냐하면 한글이 가장 정확한 소리언어이기 때문이다.

(7) 양력 2월 4일 ~ 2월 7일에 오는 입춘을 기준으로 전년도와 금년도를 잘 구별해야 한다.

(8) 양력 2월 5일 기준이 애매할 때는 금년도, 전년도 2년의 음파수를 찾아서 해설한다.

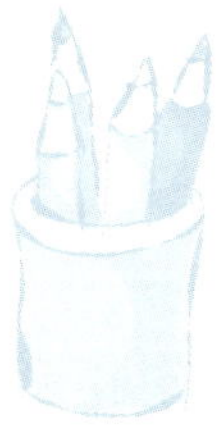

2. 상담기준

이름을 상담할 때 소리나는 대로 발음하여 음파수를 찾아낸다.

음파수는 주기능음파수와 부기능음파수로 나누어 찾을 수도 있으며 윗부분은 주기능음파수이고 아랫부분은 부기능음파수이다.

예를 들면 '안요셉'
$$\begin{bmatrix} 02 & 0\times & 86 \\ 24 & 2\times & 08 \end{bmatrix}$$

의 음파수 중 02 0× 86 은 주기능음파수이고, 24 2× 08은 부기능음파수이다. 주기능이 70% 나타내고, 부기능이 30% 나타낸다. 그리고 본기능 '요' 자가 그 사람의 특성의 70%를 나타내며 '요' 자 중에도 핵심주기능음파수 0이 더 강하게 나타내고, 보조주기능음파수는 이를 보조한다.

성 '안' 은 선천적 조건, 부모운 그리고 초년운으로 25세까지 보며, 본기능은 자신의 특성과 중년운 50세까지 보며, 이름 끝글자는 자녀운과 말년운을 보며 50세 이상을 본다. 그러나 개인의 특성에 따라 나이는 변할 수 있다.

가장 유의해야 할 점은 한글음파이름은 음파에 의하여 작용되기 때문에 이름 전체의 조화가 중요하며 음파의 작용은 시공을 초월하므로 이름 세 글자가 초년, 중년, 장년, 말년은 물론 시공을 초월하여 음파의 에너지가 작용하고 있음을 알아야 한다.

아무리 좋은 특성이 핵심기능에 있다 하더라도 음파수의 만남이 잘못되면 그 힘을 발휘하지 못한다. 순기능으로 이루어진 이름은 음파수의 특성

중 좋은 점을 중심으로 나타나고 역기능으로 이루어진 이름은 음파수의 특성 중 나쁜 점을 중심으로 나타나는 것이다.

아무리 부기능의 만남이 잘된 이름이라 할지라도 주기능음파수가 잘못되면 그 음파수의 특성은 힘을 발휘하지 못하는 것이다.

순기능의 이름은 조용하고 차분하며 화합과 믿음이 있으며 기쁨과 희망이 샘솟는다. 언제나 즐겁고 아름다운 생각과 마음이 들게 되며 자신은 물론 가정과 이웃과 남을 돕는 특성이 작용한다. 스스로 이러한 생각과 마음이 생기게 되고 또한 남들도 나에게 이와 같은 생각과 마음이 들게 한다.

역기능의 이름은 시기, 질투, 저주, 증오, 반항, 미움, 고통, 고난, 음해, 중상모략, 멸망, 죽음의 생각과 마음이 들게 되고 자신은 물론 가정과 이웃과 남을 해하는 특성이 작용한다. 이러한 생각과 마음이 스스로 들게 되고 남들도 나에게 이러한 생각과 마음이 들게 된다.

그러므로 역기능의 이름을 가진 사람과 일을 하면 서로 미워하고 힘들게 되며 일이 잘 풀리지 않고 자꾸 꼬이게 되며 불행하게 된다.

또한 음파수의 만남이 역기능이 되면 예를 들어 〈음파수 1, 5〉가 역기능인데 이를 직접역기능이라 하고 〈음파수5, 1〉이 되면 간접역기능이 된다는 뜻이다. 즉, 〈음파수 1, 5〉는 〈음파수 1〉이 〈음파수 5〉를 역기능하는데 〈음파수 5〉만 당하는 것이 아니고, 〈음파수 1〉도 그 충격을 받는다는 뜻이다. 또한 〈음파수 5, 1〉이 되면 〈음파수 1〉이 〈음파수 5〉를 치므로 역기능이 안 된다고 보는 사람도 있지만 소리의 음파는 내려만 가는 것이 아니라 시공을 초월하기 때문에 〈음파수 5, 1〉도 역기능이 되며 또한 간접역기능도 형성되는 것이다. 다만 직접역기능과 간접역기능은 그 충격과 불행의 정도만 차이가 있을 뿐이다.

이름을 상담할 때는 화합기능, 특수기능, 열등기능, 종합기능 등 여러 가지 원리가 있지만 순기능과 역기능을 중심으로 그 원리를 기준으로 상담해야 하며 상담자가 알고 있는 편견이나 고정관념을 버리고 '사람'을 보고 상담할 것이 아니라 '음파수'를 보고 있는 그대로 책을 보고 설명하면 85% 적중한다. 더 정확한 확률을 위해 오랜 경험과 연구가 필요한 것이다.

한글음파이름학은 과학적이고 논리적이며 합리적이고 체계화된 학문이다. 그러므로 그 원리만 알면 누구나 쉽게 감정이나 상담을 할 수 있다. 과학은 단순하고 누구에게나 통한다. 그 원리를 발견하기는 어렵지만 이미 발견한 것은 공식만 대입시키면 똑같은 해답을 구할 수 있다.

'3×3=9' 이다. 이것은 누구나 알고 쉬운 것이다. 그러나 '3×3=9' 라는 원리를 발견하기는 매우 어려운 것이다. 페니실린 약이 염증에 좋다는 것은 누구나 안다. 그리고 의약을 전공한 사람은 쉽게 만들 수 있고 의사는 이 약을 환자에게 투입할 수 있다. 그러나 페니실린을 최초로 만든 사람은 각고의 노력 끝에 대단히 어려운 일을 해낸 것이다.

이처럼 새로운 것을 발견하고 발명하기는 어려운 것이지만 한 번 발견하고 발명하면 쉽게 활용할 수 있다. 이것이 과학이다. 과학은 확률이다. 51% 이상의 적중률도 위대한 과학이다. 민주주의도 다수결 원칙에 따라 51%의 지지가 중요하다. 대통령도 국민의 과반수 참석에 과반수 지지를 받았다고 하면 불과 20~30%의 지지만 받아도 당선이 되며, 당선된 대통령은 국민의 운명과 때로는 행정, 입법, 사법을 좌지우지 할 수 있다.

한글음파이름학의 이론이 적중하는 확률은 기본이 85%이므로 과학적이

며 그 정확도와 신뢰도가 굉장히 높다. 잘되고 못 되며, 크게 성공하는 것
도 중요하고, 난세에 출세할 수 있는 음파수도 있지만 필자의 경험과 연구
결과에 따르면 이름은 순기능으로 조화를 이루어야 한다는 것이다.

그러나 순기능의 이름 속에도 숨어있는 역기능이 존재할 수 있으며 또한
본인에게는 아주 좋은 순기능의 이름이라도 부모, 형제, 자매 등 가족을 해
치는 이름이 될 수도 있다. 그러므로 이름을 감정하거나 상담하는 것은 쉬
울 수 있지만 평생 쓰는 이름을 지으려면 작명에 오랜 경험이 있는 전문가
에게 맡기는 것이 좋다.

작명된 이름을 자신이 믿고 신뢰한다는 것은 염파의 작용이므로 중요하
다. 개명된 이름이나 작명된 이름은 아는 사람이 소리내어 불러주어야 하
고 녹음하여 계속 틀어놓음으로써 음파의 에너지가 작용하게 되어 후천적
으로 운명이 변화되고 있음을 느낄 수 있게 되며 놀라운 변화를 체험하게
된다.

3. 작명과 개명의 효과

(1) 음파로 이름을 지어서 녹음기에 녹음하여 틀어놓아야 하며 아는 사람이 불러야 효과가 나타난다.

(2) 개명은 마음가짐이 중요하다. 가족과 심사숙고하여 합의가 된 후 개명하고, 좋다는 확신과 믿음으로 불러야 한다(즉, 염파와 음파가 공존해야 한다는 뜻이다).

(3) 개명 후 3가지 형태로 효과가 나타났다.

① 가장 좋은 형태 (70%)

② 가장 나쁜 형태 (20%)

③ 아무 변화가 없는 경우 (10%)

가장 나쁜 형태로 나타나는 경우는 즉, 호전반응(명현 반응)이 나타나는 경우가 있다. 계속 음파이름을 부르면 점점 좋아지고 1% 정도 좋아지지 않는 예외가 있다.

(4) 인생의 운명을 변화시킬 수 있는 방법은 교육과 환경을 통한 자신의 의지와 노력에 있다. 그러나 이와 관계없이 변화할 수 있는 방법 중 가장 비중을 많이 차지하고 있는 것이 한글음파이름이다. 그 다음 어디에 사느냐, 누구하고 사느냐, 무엇을 하느냐에 따라 변화될 수 있다.

그 외에도 지능지수, 감성지수, 건강, 취미, 특기, 직업, 학력 등에 따라 변화될 수 있다.

(5) 한글음파이름은 성격을 변화시키고 성격은 습관을 변화시키며 습관

은 행동을 변화시키며 행동은 운명을 변화시킨다.

⑹ 인간의 운명은 선천적 조건 50%와 후천적 변화가 50%를 차지하며 선천적 조건은 불변의 운명이고 후천적 변화는 교육과 환경에 따라 자신의 의지와 노력에 의해 변화되나 자신의 의지와 관계없이 변화되는 것이 음파이름이다. 음파이름의 신뢰도와 타당도는 85%이다.

이 모든 것은 후천적 변화이며 순기능의 세상, 미래시대를 열어가는 과정이며 이것은 교육과 환경 및 자기수련을 통하여 이루어질 수 있고 인간의 의지와 노력에 의해 선택되고 결정해 나가는 것이다.

4. 개명허가 신청방법

한글음파이름의 효과는 법원에 개명신청을 하여 허가를 받아 호적을 정정하는 것이 중요한 것이 아니고 개명하여 개명한 이름을 본인이나 아는 사람이 소리내어 불러주면 변화가 오고 효과가 나타난다.

그러므로 개명한 당사자나 개명한 사람을 잘 아는 사람이 개명한 이름을 녹음하여 하루종일 계속해서 녹음기를 틀어놓게 하면 하루에도 수만 번의 이름을 부르게 되어 그 음파가 우주공간에 진동하여 좋은 운명으로 에너지가 작용하여 서서히 효과가 나타난다.

호적상 개명에 대하여서는 캐나다 등의 선진국에서는 개명의 자율화에 따라 개명에 대한 인식이 높지만 우리나라에서는 아직 그렇지 못하다. 이뿐만 아니라 국민정서가 개명하면 호적을 바꾸는 것을 선호하고 있다. 그러나 이름을 바꾸고 호적을 정정해도 불러주지 않으면 아무런 효과와 의미가 없다. 그러나 개명하여 호적을 정정하는 것을 국민이 선호하고 있기 때문에 개명방법에 대하여 몇 가지 기술하고자 한다.

(1) 캐나다 등 외국의 경우에는 개개인의 자유의사에 의하여 아주 쉽게 개명할 수 있으며 한 사람이 여러 개의 이름을 사용하고 있지만 우리나라의 경우에는 특별한 이유가 있어야만 개명을 허가해 준다.

(2) 개명은 호적법상 허가 기준이 정해져 있지 않고 판사의 판단에 따라 결정되며 1970년대에는 평균 55%의 허가율을 보였지만 1980년대부터는 평균 70% 이상으로 허가율이 높아지고 있다. 특히 부산의 경우, 2004년 98%의 허가율로 매우 높은 편이며 전반적으로 갈수록 각

지역의 허가율이 높아지고 있다. 개명은 국민의 기본권인 인권과 행복추구권에 해당된다고 하여 헌법소원을 해놓은 상태이며 머지않아 개명자율화가 되리라고 본다.

(3) 개명은 반드시 법원의 허가를 받아야 하고 자신이 살고 있는 주소나 본적지에서 개명신청을 하여야 하며 개명 허가여부는 판사에 따라 다르므로 허가율이 높은 법원이나 판사가 있는 곳을 수소문하여 그 지역으로 본적이나 주소를 옮겨 개명신청을 하는 사례도 있다. 그러나 개명신청을 하여 기각되면 항소할 수 있다.

(4) 비교적 개명허가가 잘되는 경우

　1) 일본식 이름을 바꾸려는 경우

　　(예) 여자이름에 '자' 가 있는 사람

　2) 심한 놀림감이 되는 이름의 경우

　　(예) 김치국, 이바보, 박토이, 한솔이, 이축구 등

　3) 특정 범죄자의 이름이나 유사한 이름인 경우

　　(예) 박한상, 김일성, 고재봉, 이완용 등

　4) 한글음파이름으로 바꾸는 경우

　　(예) 이한솔, 김한길, 진달래, 한길동 등

　5) 형제의 항렬을 따를 경우

　　(예) 석자 항렬일 때 – 박석태 등

　6) 남자가 여자 이름일 경우

　　(예) 김정순, 이정자, 박동숙 등

　7) 여자가 남자 이름일 경우

(예) 김정권, 이성국, 김동주, 노정권 등

8) 가까운 친척과 같은 이름일 경우

9) 이름이 호적에 잘못 등재되어 있을 경우

10) 호적 이름과 주민등록 이름이 다를 경우

11) 학교와 호적 이름이 다를 경우

12) 족보와 호적, 주민등록 이름이 다를 경우

13) 혐오감을 주는 이름일 경우

14) 너무 흔한 이름으로 중복되는 경우가 많을 경우

15) 이름이 좋지 않다고 개명하고자 할 경우

(5) 단순히 이름이 좋지 않다고 개명하고자 할 경우에는 비교적 개명허가가 되지 않는다. 그러나 판사의 주관에 따라 쉽게 해주는 경우가 있다.

(6) 개명 절차

1) 본적지나 주소지의 관할 법원에서 호적과 또는 호적계에 개명신청서를 제출한다.

2) 개명신청이 기각될 경우에는 항소하여 신청할 수 있으며 본적이나 주소지를 옮겨서 새로이 신청할 수도 있다.

3) 1심에서 기각되었을 경우에는 항소하지 말고 비교적 개명허가가 잘되는 곳으로 주소를 이전하여 개명신청을 하는 것이 좋다.

4) 개명을 하고자 할 때 다음과 같은 필요한 서류를 갖추어야 한다.

  ① 개명신청서 1통　　② 호적등본 1통

  ③ 주민등록등본 1통

④ 인우보증서 1통(보증인의 인감증명서 첨부)

⑤ 소명자료로 학원, 유치원 수료증 및 영수증, 진찰권,

   소인 찍힌 편지봉투 2통 이상

⑥ 통 · 반장, 학교담임 등의 확인서 1통(인감증명서 첨부)

⑦ 작명증서(법원에서 요청할 경우)

5) 개명신청은 서류를 직접 작성하여 관할 법원에 제출하여도 좋지만 법무사나 전문가의 의견을 참고하는 것도 좋다.

6) 개명허가결정서를 받았을 경우에는 1개월 이내 본적지 구청(시청, 읍사무소 등)에 가서 개명허가신청서를 제출해야 한다.

7) 개명허가신청서를 제출할 경우에는 법원결정서 원본을 제출해야 하고 후일을 위하여 사본을 여러 장 복사해 둘 필요가 있다.

5. 개명허가 신청사례

개명허가신청서

　　　신청인 겸 사건본인　　　○　○　○　(한자)
　　　　　　　　　　　서기 1997년 5월 7일생
　　　본 적 :
　　　주 소 :
　　　　　　신청인 겸 사건본인은 미성년자이므로 법정대리인
　　　　　친권자　　부) ○ ○ ○
　　　　　　　　　모) ○ ○ ○
　　　　　　본적 및 주소 위와 같은 곳

신 청 취 지

부산 동래구청에 비치된 '부산 동래구 ○○동 ○○번지 호주 ○○○(한자)'의 호적중
신청인 겸 사건본인의 이름 '○○(한자)'를 '○○(한자)'로 개명할 것을 허가한다.
라는 결정을 구합니다.

신 청 이 유

1. 신청인 겸 사건본인 ○○○(한자)는 서기 1997년 5월 7일 부) ○○○(한자), 모)
　 ○○○(한자)간에 출생한 자녀로서 1997년 5월 16일 부) ○○○에 의해 출생신고
　 되어 호적에 등재되어 있습니다.
2. 신청인 겸 사건본인은 학교에서 호적상 등재되어 있는 ○○대신 집안에서는 집안
　 에 형제들의 항렬자가 '태'자이므로 시부모님께서 ○○라고 지어서 부르도록 하여
　 어릴 때부터 줄곧 ○○라고 불리어왔습니다.
3. 그러나 사건본인이 학교에 다니면서는 호적상 이름을 사용하기 때문에 이름으로
　 인하여 많은 놀림을 받았습니다. 심지어는 이름과 유사한 발음인 '상추'라고 놀려
　 대어 어린 가슴에 상처를 받아 학교에 가기를 꺼려하고 있습니다.
4. 그러나 사건본인의 부모는 생활고에 시달리며, 생계가 급급하여 사건본인이 하는
　 소리를 예사로 넘겼으나, 사건본인이 철이 들기 시작하면서는 더욱 이름 때문에 예
　 민해지기 시작하였습니다.

5. 사건본인은 학년이 바뀔 때마다 항상 고민해왔으며, 사건본인은 이름으로 인한 스트레스 때문에 모든 일에 자신감을 잃고 있으며, 친구 사귀기를 꺼려하고 있습니다.

6. 사건본인의 사촌들은 태○, 태○, 태○, 태○으로 태자 항렬을 따라 이름을 지었으나, 사건본인의 호적상이름이 정리되지 아니하여 사건본인은 두 개의 이름에 쉽게 적응하지 못하고 있습니다. 사건본인을 아는 모든 사람들은 사건본인을 ○○라고 알고 있습니다.

(증제 5호 사촌 호적등본)

7. 사건본인은 곧 상급학교에 진학할 시기이며, 실제로 사용되어왔던 이름으로 바꾸는 것이 부모의 도리라 생각되어 한 살이라도 어린 나이에 개명을 하는 것이 바람직하다고 사료되어 청구취지와 같은 결정을 구하려고 이 건 신청에 이르게 되었습니다.

재판장님의 건강과 행운을 빕니다.

첨 부 서 류

1. 호적등본　　　　1통
1. 주민등록등본　　1통
1. 인우인보증서　　1통
1. 인감증명서　　　1통
1. 사촌호적등본　　2통
1. 학원에서 사용되고 있는 실제이름

2004. 8. 9.

위 신청인 겸 사건본인
신청인 겸 사건본인은 미성년자이므로 법정대리인
　　친권자　　　부) ○　○　○
　　　　　　　　모) ○　○　○

부산지방법원 가정지원 귀중

315

1) 인우보증서

인 우 보 증 서

피보증인

성　　　명 : ○ ○ ○
주민등록번호 : 970507 - ×××××××
본　　　적 :
주　　　소 :

보 증 내 용

본인은 '○○'의 이모로 '○○'가 태어났을 때부터 현재까지 이웃에 거주하며 함께 생활하고 있습니다.
'○○'는 가족의 항렬에 따른 이름으로 어릴 때부터 집에서 불러왔고 '○○'는 어른들이 '○○'보다 나은 이름이라 하여 호적에 올린 이름입니다. 그러나 학교에 다니면서 '○○'로 불리자 생소해 하기도 하고 특히 '상추' 등의 이름으로 놀림감이 되면서 본인이 '○○'라는 이름을 무척이나 싫어하며 '○○'로 불리워지기를 원합니다.
지금도 가족들은 '○○'로 부르고 있습니다.

위 사실에 대하여 상위 없음을 인우인이 보증합니다.

　　　　　2004. 8.

　　보증인　　성　　　명 :
　　　　　　　주민등록번호 : 581016 - ×××××××
　　　　　　　주　　　소 : 부산 동래구 온천2동

※ 주의사항 : 1. 인우보증인의 주소는 개명신청자의 주소와 비슷해야 한다.

※ 참고사항 : 1. 인터넷을 이용하여 많은 사례를 참고하시기 바랍니다.

※ 참고문헌

- 고동영 옮김, 「한단고기」, 한뿌리, 1996.
- 고엔카/인경, 「단지 바라보기만 하라」, 경서원, 1998. 1. 2.
- 곽미자 외, 「성격유형과 자녀양육태도」, 한국심리검사연구소, 1998.
- 권익수, 「이름짓는법」, 고려문화사, 1996.
- 김남중 기자, 「마트투데이/상품작명따라 인기왔다갔다」, 중앙일보, 1998. 4. 8.
- 김백만, 「성명판단법」, 명문당, 1988.
- 김상인, 「좋은이름 이렇게 짓는다」, 갑을당, 1997.
- 김성영, 「만나성경 주석 찬송가」, 성서교재관행사, 1990.
- 김슬웅·김불꾼·신연희, 「한글이름짓기사전」, 미래사, 1994.
- 김양수, 「브랜드네이밍 전략매뉴얼이론과 실제」, 나남, 1993.
- 김정택 외, 「MMTIC어린이 및 청소년의 이해」, 한국심리검사연구소, 1995.
- 김정택 외, 「MBTI와 나의 가족 이해」, 한국심리검사연구소, 1994.
- 김정택 외, 「나의 모습, 나의 얼굴」, 한국심리검사연구소, 1999.
- 김정택 외, 「MBTI개발과 활동」, 한국심리검사연구소, 1995.
- 김정택 외, 「스트롱 진로탐색검사 활용가이드」, 한국심리검사연구소, 2001.
- 김정택 외, 「스트롱 직업흥미검사 활용가이드」, 한국심리검사연구소, 2001.
- 김정택 외, 「스트롱 직업흥미검사 매뉴얼」, 한국심리검사연구소, 2001.
- 김종기, 「이름짓는법」, 고려출판문화공사, 1992.
- 김홍경, 「김홍경이 말하는 동양의학」, EBS, 2000. 10.
- 다나구찌 마사하루(이원포 역), 「생명의 실상」, 1998.
- 도올, 「훈민정음과 화사후소」, KBS, 2000. 10.
- 류영남, 「559돌 한글날에 부침」, 동의대신문 제357호 2005. 10. 10.
- 문소영 기자, 「사고 피해가는 좋은 이름짓는법」, 퀸잡지 1월호, 1998.
- 문성호 외, 「성격유형과 연성」, 한국심리검사연구소, 2000.
- 심혜숙 외, 「성격유형과 진로탐색」, 한국심리검사연구소, 1999.
- 안중선, 「천기누설」, 고려문화사, 1986.
- 안호상, 「배달동이는 동이문화의 발상지」, 한뿌리, 1992.
- 안호상, 「민족사상의 정통과 역사」, 한뿌리, 1992.
- 에모토마사루, 양억관 옮김, 「물은 답을 알고 있다」, 나무심는 사람, 2003.
- 에모토마사루, 양억관 옮김, 「물은 답을 알고 있다2」, 나무심는 사람, 2003.

• 에모토마사루, 김현희 옮김, 「물은 사랑을 원한다」, 대산출판사, 2005.
• 이광일 기자, 「기획특집/별난이름과 묘한 인생항로」, 경향신문, 1998. 4. 29.
• 이규태 코너, 「영어식 이름짓기」, 조선일보 5면, 1997. 11. 19.
• 이규태 코너, 「악명단명론」, 조선일보, 1998. 4. 7.
• 이부영, 「분석심리학」, 이조각, 2000.
• 이부영, 「의식과 무의식」, EBS, 2000. 5. 3.
• 이부영, 「열등기능과 대인관계의 길등구조」, EBS, 2000. 5. 10.
• 이부영, 「지킬박사와 하이드(내마음의 그림자)」, EBS, 2000. 5. 17.
• 이부영, 「남성속의 여성성, 여성속의 남성성」, EBS, 2000. 5. 24.
• 이부영, 「자기실현」, EBS, 2000. 5. 31.
• 이부영, 「콤플렉스」, EBS, 2000. 6. 17.
• 이부영, 「꿈의 작용과 해석」, EBS, 2000. 6. 21.
• 이순옥 외, 「설문, 시험, 검사의 제작 및 사용을 위한 표준」, 학지사, 1995.
• 이숭녕, 「최신국어대사전」, 한국교육문화사, 1995.
• 이우람, 「누가 이름을 함부로 짓는가?」, 월드코리아출판부, 2003.
• 이정희 외, 「성격유형과 학습스타일」, 한국심리검사연구소, 2000.
• 인명사전편찬위원회, 「새로나온 인명사전」, 민중서관, 2005.
• 장재국, 「소리와 청각」, (주)한국일보 타임-라이프, 1986.
• 전은희, 「NSCI이론과 상담교육」, 부성출판사, 2003.
• 전은희, 「NSCI이론」, 부성출판사, 2004.
• 정광호, 「행복을 찾는 사람들에게」, 석일사, 2000.
• 정도영, 「성씨궁합」, 한림디어, 1997.
• 정보국, 「정보국의 작명보감」, 밀알, 1993.
• 정보희, 「작명대전」, 가림출판사, 1994.
• 주영제, 「좋은이름, 자녀를 위한 최고의 선물」, 미리언출판사, 1995.
• 주진태 기자, 「음파의학 관심고조」, 국제신문, 1998. 12. 28.
• 최윤석, 「인장과 성명학」, 명문당, 1991.
• 하늘도인, 「천안통 · 천이통 I Ⅱ」, 1998. 6. 26.
• 한석봉, 「소리이름학이론과 실제」, 복지마을출판사, 2000.
• 한석봉, 「소리이름학실무」, 복지마을출판사, 2000.
• 한석봉, 「소리이름학개론」, 복지마을출판사, 2000.
• 한석봉, 「한글이름학개론」, 부성출판사, 2001.

- 한웅집, 「당신의 이름이 명예퇴직을 부른다」, (주)웅집출판사, 1997.
- 한웅집, 「이름으로 보는 마지막 대권」, (주)웅집출판사, 1997.
- 한웅집, 「좋은소리 좋은이름의 신비」, (주)웅집출판사, 1998.
- 한웅집, 「이름이 운명을 만든다」, (주)웅집출판사, 1998.
- 한재구, 「만화한단고기1권 환인천제편」, 북캠프, 2003.
- 한재구, 「만화한단고기2권 환웅천황편」, 북캠프, 2003.
- 한재구, 「만화한단고기3권 단군왕검편」, 북캠프, 2003.
- 한효섭, 전은희「운명은 없다」, 서예문인화, 2006
- 한효섭, 전은희「좋은음파 좋은이름의 신비」, 부성출판사, 2006
- 한효섭, 전은희「한글음파이름학 이론과 실제」, 부성출판사, 2006
- 한효섭, 전은희「한글음파이름학 실무」, 부성출판사, 2006
- 전은희, 한효섭 「한글이름파동학」, 부성출판사, 2004.
- 전은희, 한효섭「한글이름파동학이론과 실제」, 부성출판사, 2004.
- 전은희, 한효섭「한글이름파동학실무」, 부성출판사, 2004.
- 한효섭, 전은희「맞춤인생」 서예문인화 2006
- 한효섭, 전은희「나도 100세까지 살수 있다」 서예문인화 2006
- 헤리팔머/김선미, 「뜻대로 살기」, 금비문화, 1997.
- 황유석 기자, 「미국인도 작명 잘해야 장수」, 한국일보 11면, 1998. 3. 30.
- SBS-TV, 「모닝와이드」, 1997. 12. 6
- KBS-2TV, 「미스터리추적60분/ 주문! 과연 신의 음성인가?」, 1997.
- KBS-2TV, 「미스터리추적60분/이름! 운명을 바꾸는가?」, 1998.
- KBS-TV, 「아침마당/이름석자에 울고 웃고」, 1999. 3.
- 「최신인명사전」, 민중서원, 1997.
- 비디오, 「MBTI의 이해」, KPTI, 2000.
- 연세대국어운동학생회 한결물결, 「한글이름을 온누리에」, 일신서적출판사, 1995.
- 한국교회찬송위원회, 「라이트성경, 찬송가」, 한국교회찬송가출판사, 1989.
- 한국갤럽조사, 「이름과 운명과의 관계」, 1997.

음파이름의 신비!! 알고 선택하세요
= 한번의 선택이 평생을 좌우합니다 =

- **좋 은 날** : 좋은날을 선택하면 좋은일이 많이 생기고, 나쁜날을 선택하면 나쁜일이 많이 생깁니다. 날짜에도 좋은에너지가 나오는 날과 나쁜에너지가 나오는 날이 있으므로 좋은날을 선택해야 성공하고 행복합니다.
- **좋은사람** : 자기에게 맞는 배우자를 선택하면 서로 아끼고 사랑하며 행복하게 살 수 있으며, 자기와 맞는 직원이나 상사를 만나면 사업이 성공하고 모두 발전하고 번창해집니다.
- **좋은직업** : 나와 맞는 직업과 전공을 선택하면 행복하고 성공하며 맞지 않는 직업과 전공은 여러 가지 직업을 전전한다든지 퇴직이 앞당겨집니다.
- **좋은장소** : 좋은에너지가 나오는 집과 점포는 번창하고, 나쁜에너지가 나오는 집과 점포는 망하기 마련입니다.
  자기에게 맞는 집주소의 선택은 성공의 비결입니다.
  성공하고 잘사는 사람은 모두가 좋은장소에 살고있습니다.
- **좋은번호** : 전화번호, 휴대폰번호, 차번호에도 무서운 에너지가 발산하여 좋은번호는 좋은에너지가 발산하여 좋은일이 생기고 나쁜번호는 나쁜에너지가 발산하여 나쁜일이 생깁니다.
  성공한 기업, 점포, 사람의 번호를 조사해 보면 모두가 좋은번호이고 실패하는 사람과 기업은 모두가 나쁜번호입니다.
- **이름상담** : 사람의 몸은 70%가 물로 구성되어 있으며 물은 부르는 음파이름을 흡수하여 에너지를 발산하는데 좋은이름, 좋은음파는 좋은에너지를 발산하여 좋은 일이 많이 생기고 나쁜이름, 나쁜음파는 나쁜에너지를 발산하여 나쁜일이 많이 생깁니다.
  나에게 맞는 좋은이름, 아호, 상호는 성공을 약속합니다.
- **좋은건강** : 자기에게 음파가 맞는 병원과 의사가 있습니다.
- **교육상담** : 진로상담, 진학상담, 전공, 교육, 심리검사 등을 통하여 자신의 진로를 바로 결정하십시오.

좋은소리 좋은음파 좋은이름

이제는 모든 궁금증을 역학이나 점으로 보는 것이 아니라 과학적인 방법인 음파에너지 이론으로 분석하는 한글음파이름학회와 상담하시기 바랍니다.

성명은 사람의 호칭이고, 이름은 우주만물의 명칭을 말한다. 이름은 한자로 짓는 것이 아니라 새로운 운명을 창조할 수 있도록 한글음파이름으로 지어야 한다. 사람의 몸은 70% 물로 구성되어 있다. 물은 부르는 음파이름을 흡수하여 오장육부의 기운을 입을 통해 새로운 에너지(기운)를 발산한다. 좋은이름, 좋은음파는 좋은에너지를 발산하여 좋은일이 많이 생기고 나쁜이름, 나쁜 음파는 나쁜에너지를 발산하여 나쁜일이 많이 생긴다. 왜 가족이 죽고, 병들고, 이혼하고, 싸우고, 실패하는가? 왜 자녀가 불행한가? 소리의 음파가 우주공간에서 엄청난 에너지로 작용하고 있기 때문에 즉, 당신의 부르는 음파이름때문이다.

신생아이름, 개명, 아호, 예명, 애칭, 법명, 영세명, 회사명, 상품명, 상호명, 빌딩명, 병원명, 학원명, 브랜드명.
이제부터는 과학적방법인 음파이름으로 지어야 한다!

당신이 가진 숫자, 비밀번호, 전화번호, 휴대폰번호, 아파트호수, 집번지, 차번호 및 일시·택일·장소등이 자신과 가족의 행복과 불행, 사업의 성패를 좌우한다!!

"한글음파이름학이나 NDS이론을 배우고 싶은 사람이나, 당신의 아호, 예명, 애칭, 이름이나 상호, 브랜드명을 상담이나 작명하고자 하시는 분은 전화신청 및 직접 방문하시기 바랍니다." ☎ 전화 : (051)853-6766

– 한국평생교육총연합회 부설 –

한 글 음 파 이 름 학 회	N D S 상 담 심 리 연 구 소
Hangeul Sound-wave Name Academy	NDS Counseling Psychology Institute

학 회 : 부산 연제구 연산5동 1384-11 동림빌딩 310호 한글음파이름학회
교육원 : 부산 남구 문현동 557-32 학교법인 부성학원內 음파이름 평생교육원

<table>
<tr><td>판</td><td>권</td></tr>
<tr><td>저</td><td>자</td></tr>
<tr><td>소</td><td>유</td></tr>
</table>

한글음파이름학   (값 12,000원)

1997년 4월 10일 초판인쇄
1997년 4월 21일 초판발행
1999년 12월 18일 재판발행
2006년 8월 27일 7판발행

저 자 한효섭 · 전은희
발 행 자 이 홍 연
발 행 처 서 예 문 인 화
등록번호 1-1314 (1994. 10. 7)
ISBN 89-8145-482-5

서울특별시 종로구 내자동 145번지
전화 : 02-732-7096, 739-0589, 722-7418

※ 이 책의 무단전재, 복제를 금합니다.
※ 잘못 만들어진 책은 교환해 드립니다.
※ 이 책의 수익금은 모두 노인교육 운동과 NDS운동에 기부합니다.

부산광역시 연제구 연산5동 1384-11 동림빌딩 310호

한국평생교육총연합회 부설
한글음파이름학회
NDS상담심리연구소

대표전화 : 051-853-6766 / FAX : 051-853-8809
저자 핸드폰 : 010-8440-8801, 6766